AF290673

Johannes Rösler

Die
NICHT gehaltene
Rede
des
Papstes
vor dem
Deutschen Bundestag

IMPRESSUM

© Johannes Rösler, 2. Auflage 2023
Erstauflage 2012

Herausgeber:

AbisZ-Verlag am Bodensee
www.abisz-Verlag.de

Cover:

Helmut Hruschka
www.hruschka-creaton.de

Herstellung:

Books on Demand GmbH, Norderstedt
ISBN-Nr: 978-3-946666-15-8

Inhaltsverzeichnis

Wie es dazu kam - anstelle eines Vorwortes

„Wir suchen Ghostwriters für die Rede des Papstes im Deutschen Bundestag". Im Juni 2011 fachte diese Mitteilung ein Feuer in mir an, das mich nicht mehr ruhig schlafen ließ. Die Konrad-Adenauer-Stiftung hatte im Internet zu einem Redenschreiber-Wettbewerb aufgerufen. Jede(r) Frau/Mann konnte einen Vorschlag für die Rede des Papstes einbringen, die er am 22. September vor dem höchsten Gremium unserer Republik, anlässlich seines Deutschland-Besuches, halten sollte. Ich fing sofort zu schreiben an, ließ mir jedoch dabei viel Zeit und merkte nicht, dass der Einsendeschluss, der 25. August 2011, schon bald überschritten war. Erst Anfang September mailte ich der Stiftung meinen Redevorschlag - da war es jedoch schon zu spät. Das merkte ich daran, dass ich keine Antwort bekam - vielleicht war diese Abteilung der Stiftung auch schon mit etwas ganz anderem beschäftigt ...

Jedenfalls saß ich gespannt am 22. September vor meinem Computer und verfolgte im Parlamentsfernsehen live die Rede des Papstes Benedikt XVI. Irgendwie hoffte ich, dass er auf all die Fragen und Probleme, die die halbe Menschheit zum Thema Glauben zu bewegen scheint und die ich in meinem Skript angesprochen und mit entsprechenden Lösungsvorschlägen gewürzt hatte, eingehen würde. Aber Leer- und Fehlanzeige! Nichts, aber auch gar nichts kam von alldem in seiner Rede vor! Auch in seinen anderen, nachfolgenden Auftritten schwieg der Papst zu den vielfältigen und aktuellen Problemen, mit denen sich die Kirche heute konfrontiert sieht. Und er reiste zurück nach Rom, ohne einen einzigen Lösungsvorschlag oder Reformgedanken in seiner Heimat zurückgelassen zu haben!

Der „katholische Frühling", wie es Hans Küng, weltbekannter Kirchenkritiker und ehemaliger Glaubenskollege von Ratzinger in Anlehnung an den „arabischen Frühling" formulierte, blieb aus. Die Gebaren des Papstes und seine Worte erinnerten mich an Erich Honecker, letzter Staatschef der DDR. Beide haben überraschend vieles gemeinsam: Starrsinnigkeit und Blindheit. Starrsinnig gegenüber Veränderungen und Reformen, und blind gegenüber der aktuellen Situation und Lage in „ihrem" Volk. Die Folgen bei der DDR sind bekannt: Nur wenige Wochen nach dem 40. Jahrestag brach das System auseinander und ging später vollständig den Bach runter.

Für die katholische Kirche könnte es ähnlich verlaufen. Dafür gibt es bereits apokalyptische Zeichen. Massenhafte Kirchenaustritte, leere Kirchen und fehlende Priester. Da hilft nur eine Umkehr und eine grundlegende Erneuerung. Dazu braucht es Einsicht und Mut. Beides ist dem Papst abhanden gekommen. Dazu gesellt sich ein Realitätsverlust biblischen Ausmaßes. Die Forde-

rung des Papstes nach einer „Ent-Weltlichung"
der Kirche kommt einer Kampfansage an die
heutige Gesellschaft gleich. Es ist gleichsam eine
Aufforderung zum sklavischen Gehorsam und
zur treuen Gefolgschaft zur Kirche. Reformen
scheint der Papst zu fürchten wie der Teufel das
Weihwasser. Statt sich diesem zu stellen, Klartext
zu reden und Selbstkritik zu üben, philosophiert er
vor dem Bundestag lieber über Natur und Ver-
nunft und verteilt Politikerschelte. Damit brüskiert
er nicht nur die Christen, die ehrliche und offene Worte zu den brennenden Fragen erwartet
haben - sondern verspielt auch die einmalige
Chance, die ihm mit der Rede vor dem Bundestag gegeben wurde!

Die NICHT gehaltene Rede, die ich hier ver-
öffentliche, spricht eine andere Sprache. Sie
packt das Übel an der Wurzel, zeigt die Miss-
stände auf und unterbreitet Vorschläge für eine
grundlegende Erneuerung der Kirche. Sie be-
richtet von revolutionären Ideen und Initiativen
und wird kommentiert mit Hilfe der modernen Erkenntnisse der Quantenphysik und Bewusstseins-
forschung sowie eigenen Ansichten und Thesen.
Geholfen haben mir dabei die Rezensionen der
in der Rede zitierten Büchern.

Sicher hatte ich nicht erwartet, dass meine
Rede ausgewählt wird - dazu ist sie zu bestückt
mit Provokantem. Bei den Worten, die ich dem
Papst in den Mund gelegt habe, hätte er be-

stimmt einen Schluckauf bekommen: Frauenquote in seiner Regierung und bei geistlichen Ämtern, Abschaffung des Zölibates, Feiern der Sexualität, ein Christen-Parlament in Rom, Wiedervereinigung der Christenheit, Finanzierung eines bedingungslosen Grundeinkommens, Öffnung der Geheimarchive … und, und, und. Dazu habe ich dem Papst in die Rede ein Kuckucksei gelegt, indem ich John Lennons „Imagine" zitiere, der in diesem Song von „no religion" als Zukunftsvision spricht.

Eigentlich sollte und bräuchte ich mir keine Gedanken zur Kirche zu machen. Aber irgendwie liegt mir diese Kirche, die mir schon mit der Muttermilch eingeflößt wurde, noch am Herzen. Und durch die Beschäftigung mit diesen Themen wurden auch persönliche Aspekte und Probleme meines Selbst quasi als Spiegel berührt, die mir zu neuen Einsichten und Erkenntnissen in meinem Leben verholfen haben.

Mit der Veröffentlichung dieser Papst-Rede beuge ich einem Verschwinden der Rede im Nirwana vor und hoffe, dass sie doch noch gelesen und/oder gehört wird. Und vielleicht liefert sie für diesen oder jenen Ansatzpunkte und Ideen, wie aus dem religiösen Krisengebiet wieder ein florierendes und vitalreiches religiöses Leben wird und sich damit eine neue Spiritualität entfalten kann.

Rede des Papstes vor dem Deutschen Bundestag am 22. September 2011

Sehr geehrter Herr Bundespräsident!
Herr Bundestagspräsident!
Frau Bundeskanzlerin!
Herr Bundesratspräsident!
Meine Damen und Herren Abgeordnete!
Sehr verehrte Besucher auf der Tribüne und
Zuschauer im Fernsehen!

Deutschland ist ein sehr fortschrittliches und besonders mutiges Land. Auf allen Gebieten vollzieht sich ein tiefgreifender, umfassender und oft grundlegender Wandel, der ihrem Land und auch der Welt eine neue, spannende und besonders nachhaltige Zukunft bescheren wird. Ob in Wissenschaft, Technik, Umwelt, Wirtschaft oder Kultur - überall sind Menschen mit neuen Ideen, Initiativen und Engagement aktiv und wirken mit an der Neugestaltung, Umgestaltung und Weiterentwicklung der Gesellschaft. Dieser Wandel ist begleitet von neuen Denk- und Arbeitsweisen, Anschauungen und Lebenseinstellungen. So beobachte ich das Entstehen eines neuen Umwelt-Bewusstseins, das immer mehr die Natur in alle Entscheidungsprozesse mit einbezieht und auf ein Gleichgewicht zwischen Mensch und Natur achtet. Im Ergebnis dessen spielt ihr Land eine führende Rolle auf dem Gebiet der erneuerbaren Energien - und nicht zuletzt zeugt auch der historische Atomausstieg von der gesellschaftlichen Verantwortung, der sich ihre Regierung gestellt hat.

Auch wir als Kirche können uns diesem Wandel und diesen Umbrüchen, die weltweit eingesetzt haben, nicht entziehen und müssen uns ihnen stellen. Denn auch wir wollen einen aktiven Beitrag dazu leisten, dass die Welt besser, schöner und lebenswerter wird. Dazu bedarf es eines **grundsätzlichen Richtungswechsels** und einer grundlegenden **Erneuerung der Kirche!** Ich, als Repräsentant einer weltweiten Religion, habe mir in Vorbereitung der Deutschlandreise und in Auswertung vieler Anliegen der Gläubigen zu einigen negativen Vorkommnissen und kritischen Zahlen in der Kirche in letzter Zeit - von den Missbrauchsfällen über zunehmenden Priestermangel bis hin zu den dramatisch steigenden Kirchenaustritten - grundsätzliche Gedanken gemacht. Diese möchte ich hier an prominenter und historischer Stelle vorstellen.

Die Situation in der Kirche heute ist vergleichbar mit der DDR vor über 20 Jahren. Das Volk begehrte auf, war mit der zentralistischen Politik ihrer Führung nicht mehr einverstanden und forderte mehr Freiheit, Gleichheit, Gerechtigkeit und Mitbestimmung. So wie in der Kirche heute, gärte es an allen Ecken und Kanten und die Parteiführung war blind, realitätsfremd und unfähig, der neuen Situation gerecht zu werden.

Ich möchte nicht den gleichen Fehler machen wie Erich Honecker, der die Zeichen einer neuen Zeit nicht erkannte und noch auf der Feier zum 40. Jahrestag der DDR posaunte, dass die Mauer noch 100 Jahre stehen wird und den „Sozialismus in seinem Lauf, weder Ochs noch Esel aufhält".

Wir, die Kirche, ich, als deren Papst, haben aus der Geschichte gelernt und stellen uns den Anliegen der Basis. Wir wollen eine neue Kirche schaffen, die von allen Christen angenommen, akzeptiert und ins Herz geschlossen wird und eine Vorbildwirkung auf die ganze Welt ausübt!

Sehr verehrte Frau Bundeskanzlerin,
Ihr Land kann stolz sein, mit Ihnen zum ersten Mal in der deutschen Geschichte eine Frau an der Spitze der Regierung zu haben. Sie sind ein leuchtendes Beispiel der neuen Zeit, wo immer mehr Frauen Führungsrollen übernehmen und an der Gestaltung der Gesellschaft aktiv mitwirken. Es ist jetzt auch an der Zeit, in der Kirche der Frau ihre Würde und Achtung zurückzugeben und eine ihr gebührende Rolle zuzugestehen und damit die überholten patriarchischen Strukturen aufzubrechen. Über 2000 Jahre lang war die Frau in der Kirche unterdrückt und erniedrigt, indem ihr der Zugang zum Priestertum und höheren geistigen Ämtern systematisch verwehrt wurde. Dieser Form der Ausgrenzung, Misskreditierung und Herabwürdigung und damit der Ge-

walt gegen Frauen möchte ich sofort ein Ende setzen! In einem päpstlichen Dekret werde ich verfügen, dass auch Frauen den Priesterberuf ergreifen sowie höhere geistige Ämter bekleiden können. Das wird das Ende einer von Männern dominierenden Kirche sein! Das Ying-Yang-Gleichgewicht wird damit wieder hergestellt und jegliche Form von Unterdrückung der Frau der Vergangenheit angehören!

Mein zukünftiges Ziel dabei ist es - und dabei orientiere ich mich am Vorbild Deutschlands - eine **Frauenquote** - auch in der Verwaltung und Organisation des Vatikans - zu erreichen (bei der Schweizergarde wird mir das wahrscheinlich nicht so schnell gelingen ☺). Damit könnte ich mir sogar bald eine Päpstin vorstellen, so wie es bereits vor 1156 Jahren der Fall war. Im Jahre 855 n. Ch. gelang es Johannes VIII., der eigentlich eine Frau war, den Papstthron zu besteigen. Er bzw. sie ging in die Geschichte als Johanna ein. Leider hat die Kirche ganze Arbeit geleistet und das peinlichste Kapitel ihrer Geschichte konsequent aus der Geschichtsschreibung getilgt. Dank der Autorin *Donna Cross* wurde die Päpstin Johanna wieder ins Licht geholt und ihr ein bleibendes Denkmal gesetzt. Begeistert hat mich der Film über diese Frau. Ihr ist auch ein Musical gewidmet, das zur Zeit in Fulda aufgeführt wird und für Furore sorgt. Leider habe ich dafür keine Karten mehr bekommen ... ☺

Im gleichen Atemzuge werde ich das **Zölibat**, das nur eine kirchenrechtliche Bestimmung ist und keine theologische Grundlage besitzt, abschaffen. Kein Kirchengesetz kann höherwertig sein, als der Auftrag Jesu, miteinander das Brot zu brechen! Jeder Mann, ja jede Frau hat ab sofort Zugang zu allen Priesterämtern und kann sich weihen lassen! Damit reagiere ich auf die Erklärung der 144 katholischen Theologen **(Kapitel 1, S. 38)** aus dem gesamten deutschsprachigen Raum, die Anfang dieses Jahres u. a. die Aufhebung des Zölibates gefordert hatten.

Sehr geehrter Herr Außenminister,
ich bewundere Ihren Mut, zu Ihrer Homosexualität zu stehen und sie vor aller Welt zu bekennen, obwohl Sie wissen, dass Sie nicht nur im eigenen Land auf Widerstände und Ablehnung stoßen, sondern Ihnen sogar in einigen Ländern dieser Welt die Todesstrafe droht. Auch in der Kirche wären Sie geächtet und sofort ihren Positionen und Ämtern enthoben, weil die Kirche Homosexualität als Sünde betrachtet. Sie beruft sich dabei auf die Bibel, 3. Buch Mose, Kap. 18 Vers. 20, wo bei einem Beischlaf mit einem Mann beide des Todes sterben müssen und Blutschuld auf ihnen lastet.

Diese bisherige Praxis der Ausgrenzung und Diskriminierung andersartig sexuell gepolter Menschen in der Kirche verstößt nicht nur gegen die allgemeinen Menschenrechte, sondern auch gegen unsere eigenen kirchlichen Grundsätze, in der alle Menschen vor Gott gleich sind. Diese sexualfeindliche Praxis gehört auf den Scheiterhaufen der Geschichte!

Ich möchte mich an dieser Stelle für all die Ungerechtigkeiten, die die Kirche in Umsetzung des Bibelwortes begangen hat, entschuldigen und die Opfer um Vergebung bitten! An dieser Stelle werde ich beispielgebend den Theologen *David Berger (" Der heilige Schein")*, dem seine Lehrberechtigung entzogen wurde, rehabilitieren und dadurch seine Würde und Glaubhaftigkeit wieder herstellen.

Als Zeichen für diese neue Politik möchte ich Sie, *Herr Westerwelle* - falls Sie den Wunsch nach einem Übertritt zum katholischen Glauben verspüren - in den St. Petersdom nach Rom einladen, um dort den Bund des Lebens mit Ihrem Partner zu schließen. Ich persönlich werde Ihrem Bündnis meinen päpstlichen Segen geben.

In diesem Zusammenhang möchte ich für die Sexualität einen Bann brechen. Beginnen wir, in der Kirche freudig die Sexualität zu feiern und zu genießen, denn sie ist ein herrlicher Ausdruck eigener Göttlichkeit! Geben wir ihr ihre verloren gegangene Aufmerksamkeit und Würde wieder zurück. Geben wir ihr ihren Stellenwert zurück, den sie im menschlichen Leben besitzt und verabschieden wir uns von den einschränkenden und diskriminierenden Praktiken und Glaubenssätzen, die eine freie Ausübung der Sexualität verteufeln und ihr ein Schuldgefühl aufdrücken! Wir müssen voll und ganz die sexuellen Selbstbestimmungsrechte des Individuums anerkennen! Denn Gott hat keine Vorlieben in Bezug auf die Sexualität und fällt auch keine Urteile! Damit verabschiede ich mich auch grundsätzlich von der lebensfeindlichen Doktrin eines Kondom-Verbotes und der damit verbundenen Doppelmoral! Als sichtbares Zeichen für das Ankommen in der Wirklichkeit werde ich einen Kondom-Automaten auf dem Petersplatz aufstellen lassen.

Mit dieser neuen Einstellung sowie der Auflösung des Zölibates werden die sexuellen Verfehlungen von Priestern und Ordensleuten der Grundlage entzogen und ein Ende haben. Für die Vergangenheitsbewältigung nehme ich mich in die Pflicht und möchte mich offen bei allen Opfern entschuldigen. Ich werde einen Fond einrichten, mit dem eine angemessene Entschädigung der Opfer erreicht werden kann.

Die Geschichte Deutschland ist eng mit der Mauer verbunden. Sie stand und steht als das Symbol der Trennung und Spaltung. Auch die Kirche hat in ihrer 2000jährigen Geschichte eine Mauer errichtet: Eine Trennlinie zwischen dem Menschen und Gott. Und ähnlich wie in der DDR gab und gibt es Grenzübergangsstellen. In der DDR waren sie mit Posten besetzt und ohne Erlaubnis oder Genehmigung waren diese nicht zu überwinden. Unsere Grenzer sind die Geistlichen, Pfarrer, Bischöfe, Kardinäle, die über dem Einlass wachen und die Absolution dafür erteilen, mit Gott zu sprechen oder zu ihm durchgelassen zu werden. Dafür erwarten sie Gefolgschaft, Treue und oft auch Niederwürfigkeit. Diese Zeiten sollen nun vorbei sein. Ich möchte mit ihnen zusammen die Mauer einreißen, die sich zwischen den Menschen und Gott aufgebaut hat! Jeder von uns hat jederzeit gleichberechtigt Zugang zu Gott - ohne Ablässe, Beichtversprechen oder Absolution. Und: Entfernen wir die Beichtstühle aus den Kirchen! Niemand braucht sich mehr für seine Sünden zu rechtfertigen und Buße tun. Es gibt keine Sünde! Und es gibt kein religiöses Strafgesetzbuch! Diese Selbstschändungsform des Menschen ist eine Erfindung, um sie in Schach zu halten und Macht ausüben zu können. In diesem Sinne streichen wir konsequent den Schuld-Sühne-Komplex aus dem kirchlichen Leben!

Grundsätzlich reformieren müssen wir in diesem Zusammenhang unseren Glauben und dessen Inhalte. Es ist dringend notwendig, alle Formen von Unterwürfigkeit, Erbarmen, Gnade oder Barmherzigkeit einem **grundlegenden Wandel** zu unterziehen und ein neues Verständnis aufzurichten. So sollten wir das Wort Gnade entweder aus unserem Sprachgebrauch streichen oder die Bedeutung gänzlich wandeln. Das Wort Gnade - das übrigens in der Verkündigung

Jesu nicht vorkommt - entspricht einem Verhältnis zwischen einem Mächtigen und einem Abhängigen bzw. Unterwürfigen. Wir verstehen jedoch das Verhältnis zwischen Gott und dem Menschen als Liebes- und Vertrauensverhältnis. Damit ist der Mensch nicht mehr auf Gnade und Barmherzigkeit angewiesen und muss sich bittend und wohlwollend herablassen - ganz im Stil mittelalterlich-feudalen Verhaltens - ‚sondern begegnet Gott auf Augenhöhe, das dem modernen Verständnis von Menschsein und Menschenwürde entspricht. Gnädig sein - und da bevorzuge ich die jüdische Tradition - heißt mehr mitfühlen, sich auf die Ebene des anderen zu begeben, entsprechend dem Appell von Jesus in Lukas 6.36, *„Seid mitfühlend, wie auch Gott, euer Vater, mitfühlend ist"*.

„Freundschaft mit Gott" lautet unser neues Motto, mit dem wir ein neues Verhältnis zu Gott und ein neues Verständnis des Gottesgedankens in die Welt bringen möchten. Viele anregende Gedanken dazu habe ich aus dem Lesen der Bestseller-Trilogie *„Gespräche mit Gott"* von *Neale Donald Walsch* **(Kapitel 2, S. 41)** gewonnen. Gott ist nicht mehr ein strafender und rachsüchtiger Gott, der angebetet oder angefleht werden möchte, sondern ein Gott der Liebe, des Mitgefühls und der Kommunikation. Wir sind nicht von Gott getrennt, sondern er wirkt durch uns und erhält alles Lebendige. Gott urteilt nicht und wir müssen uns auch nicht vor ihm verantworten.

Deshalb können wir mit Fug und Recht sagen, dass das Konzept der Hölle ausgedient hat, das nur dazu diente, den Menschen Angst zu machen und einer Hand von Klerikern Macht und Einfluss über die Menschen auszuüben. Es war das stärkste Zucht- und Unterdrückungsmittel in der Geschichte der Menschheit!

Ich erkläre deshalb hiermit, heute am 22. 9. 2011, um 16.30 Uhr, die **Abschaffung der Hölle**. Damit setze ich den Prozess der Tilgung unmenschlicher Lehren der Kirche fort, die ich im April 2007 mit der Abschaffung der Vorhölle, dem Fegefeuer für ungetaufte Kinder, begonnen habe. An dieser Stelle schlage ich vor, dass der heutige Tag, der 22. September, als Feiertag in die Geschichte eingeht: als Tag der Abschaffung der Hölle und als Tag des Feierns der Freundschaft mit Gott!

Verbunden mit einem neuen Gottesverständnis ist eine grundlegende **Erneuerung unserer Eucharistiefeier**. Grundsätzlich sollten sich die Gottesdienste in Menschendienste wandeln, wo nicht die Anbetung eines Gottes und das Leiden und Sterben von Jesus im Mittelpunkt stehen, sondern der Mensch! Hier sollen sich Menschen treffen, miteinander kommunizieren und gemeinsam tanzen, singen, lachen und sich freuen können. Das Leben zu feiern statt ihm nachzutrauern und einem Gott katzzubuckeln. Der Ideen sind keine Grenzen gesetzt und ich fordere alle Christen auf, Vorschläge für ein neues Feiern der Liturgie einzubringen. Ein lebendiges Beispiel für eine neue Form wurde 2007 auf dem Evangelischen Kirchentag in Köln mit einem erotischen Gottesdienst, in dem Lust und Liebe im Mittelpunkt stand, praktiziert **(Kapitel 3, S. 47)**. Auch eine Lach- oder Humormesse könnte ich mir vorstellen …☺

Grundsätzlich sollten auch alle Sprüche und Rituale im Gottesdienst entfernt werden, die dem Menschen seine Selbstachtung nehmen, ihn entmündigen, erniedrigen und ihn zu einer niederen Kreatur machen. Auch alles Einengende, ungnädig Seiende und das „nicht würdig sein", dass ein „Gott" unter seinem Dach wohnt, hat keinen Platz mehr. Niemand darf und kann einem Menschen Schuld zusprechen, wo er sich entschuldigen und um Gnade flehen muss. Alles rauszunehmen ist auch, wo sich der Mensch hinknien und dankbar vor seinem Schöpfer sein muss. Wir sind eins mit Gott. Wir brauchen ihn nicht anzubeten wie es Untertanen zu ihrem König tun. Generell sollte all das beseitigt werden, was den Menschen von seiner eigenen Entdeckung und Erfahrung des eigenen Selbst abhält und wo ihm die Eigenverantwortung abgenommen wird. So wird aus dem Gottesdienst ein Festmal - und ein Freudenfest!

Diesen Wandel betrifft auch das wichtigste Gebet des Christentums, das **Vaterunser**. Ich muss hier feststellen, dass die Kirche 2000 Jahre lang das falsche Vaterunser gebetet hat! Dieses widerspricht nicht nur in eklatanter Weise den modernen Erkenntnissen der Wissenschaften, wie der Quantenphysik, es stützt sich auf ein Menschenbild, wo sich der Mensch vor Gott verbiegen muss und ihm nicht auf Augenhöhe begegnet. Das ursprüngliche, das wahre Vaterunser **(Kapitel 4, S. 52)** ist in der Sprache von Jesus, in Aramäisch, verfasst und ist von innerer Weisheit und Würde gegenüber den Menschen. Statt „Vater unser, der du bist im Himmel" passt in die heutige Zeit das „O Gebärer(in)! Vater-Mutter des Kosmos. Alles was sich bewegt, erschaffst du im Licht". Und statt „Vergib uns unsere Schuld": „Löse die Stränge der Fehler, die uns binden, wie wir loslassen, was uns bindet an die Schuld anderer".

Leider hat sich die Kirche im Laufe der 2000 Jahre auch ganz fundamental vom ursprünglichen Jesusbild entfernt. Ja, wir können von einer grundlegenden **Verfremdung des historischen Jesus** sprechen. Eine fundierte und wissenschaftliche Darstellung hat jetzt *Heinz-Werner Kubitza* mit seinem Buch „*Der Jesuswahn*" **(Kapitel 5, S. 70)** vorgelegt. Darin wird dargestellt, dass es einen im Wirken Jesu von Nazareth begründeten und fundierten Zusammenhang mit der über ihn verbreiteten Kirchenlehre nicht gibt. So war der eigentliche Begründer des Christentums nicht Jesus, sondern Paulus. Hier müssen wir noch viel

Forschungsarbeit leisten, uns von dogmatischen Zerrbildern befreien und das wirkliche Wirken von Jesus und seine Lehren wieder neu entdecken und zum Bestandteil unseres Glaubens machen. Auch zu beleuchten sind in diesem Zusammenhang die vielfältigen Verfehlungen der Kirche, die insbesondere *Karlheinz Deschner* mit seinen nunmehr neun Bänden „*Kriminalgeschichte des Christentums*" aufbereitet hat.

Einen wichtigen Diskussionsstoff haben auch *Eugen Drewermann*, *Uta Ranke-Heinemann* und in der neueren Zeit *Hans Küng* geliefert. Wir werden der Auseinandersetzung mit diesen Kritikern nicht mehr entfliehen und/ oder sie sogar misskreditieren, sondern ihre Anregungen als konstruktive Kirchenkritik aufnehmen. Grundsätzlich plädiere ich für mehr Auseinandersetzung und auch Kritik. Sie soll offen, ehrlich und konstruktiv sein. Und für jede Anregung und Kritik müssen wir dankbar sein. An dieser Stelle möchte ich mich für das Ungemach und die Nachteile, die Kritiker erleiden mussten, entschuldigen und allesamt ihren Ruf wieder herstellen. In diesem Zusammenhang werde ich noch in diesem Jahr einen Preis gründen, der für die konstruktivste Kirchenkritik ausgelobt wird.

Angesichts dieser fundamentalen, neuen Erkenntnisse sind die Grundlagen des Christentums neu zu bestimmen und auf eine neue Basis zu stellen. Die Kirche, und an erster Stelle ich, wird die notwendigen Konsequenzen daraus ziehen.

So werde ich ab jetzt nicht mehr der „Heilige Vater" sein und mich ehren lassen wie ein Fürst oder Kaiser, sondern werde mich als Vertreter der Christenheit präsentieren, die mich beauftragt hat, die kirchlichen Geschäfte zu führen. Als Papst gebe ich die Glaubenshoheit ab und maße mir nicht mehr an, über Glaubensfragen zu entscheiden. Das Recht dafür kann nur ein Parlament besitzen, das aus interessierten Christen zu wählen ist. Dieses frei gewählte **Christen-Parlament**, das nach freiheitlich-demokratischen Prinzipien arbeitet, wird auch die Bischöfe, Kardinäle und den Papst wählen. So wird zukünftig die Wahl eines Papstes (oder einer Päpstin!) nicht mehr von den Kardinälen und hinter verschlossenen Türen stattfinden. Papst und Bischöfe sind auch rechenschaftspflichtig gegenüber dem Parlament und alle Entscheidungen zur Kirche werden durch dieses frei gewählte, unabhängige Parlament getroffen.

In diesem Zusammenhang werde ich den **Heilig- und Seligsprechungen** ein Ende bereiten! Da wir vor Gott alle gleich sind, kann sich die Kirche nicht dazu erheben und anmaßen, Menschen zu bewerten, dass manche höher und besser als andere sind oder über anderen stehen. Die Staatssekretariate, die sich damit befassen, werde ich sofort auflösen. Damit ist auch die umstrittene Seligsprechung von Pius XII. vom Tisch, der als Eugenio Pacelli das Reichskonkordat des Vatikans mit Nazideutschland in die Wege geleitet und dafür gesorgt hatte, dass die katholische Zentrumspartei Hitlers Ermächtigungsgesetz zustimmte.

Mit sofortiger Wirkung werde ich die **europäischen Antidiskriminierungsvorschriften** für kirchliche Betriebe einführen und das egoistische Selbstbestimmungsrecht der Kirchen aufheben! Es darf nicht toleriert werden, dass Menschen ihre Arbeitsstelle verlieren können, nur weil sie einen geschiedenen Partner heiraten oder sich dazu bekennen, in einer homosexuellen Beziehung zu leben. Wir haben kein Recht, in das Privatleben der Menschen einzugreifen! Auch werde ich ihnen wieder den Zugang zu den liturgischen Ritualen ermöglichen. Sonst sind Sie, Herr *Bundespräsident Christian Wulff*, Zeit Ihres Lebens davon ausgeschlossen, nur weil Sie in zweiter Ehe verheiratet sind und eine Patchwork-Familie gegründet haben! Bereits *Bischof Robert Zollitsch*, Vorsitzender der Deutschen Bischofskonferenz, hat diese Praxis getadelt und die Hoffnung ausgedrückt, dass er die Änderung noch erlebt.

Aufgehoben werden soll auch die in der Zeit des Nationalsozialismus eingeführte Regelung, dass auf der Lohnsteuerkarte die Konfessionszugehörigkeit, die zu einem automatischen Einzug der Kirchensteuer führt, eingetragen werden muss. Das steht im Widerspruch zum Artikel 140 des Grundgesetzes der Bundesrepublik Deutschland, der aussagt, dass niemand verpflichtet ist, seine religiöse Überzeugung zu offenbaren.

Am Herzen liegt mir auch die **Ökumene**. Ich möchte mich mit meiner ganzen Kraft dafür einsetzen, dass die Spaltung der Christenheit bald beendet wird und wir vereinigt in die Zukunft gehen können. Ich begrüße in diesem Zusammenhang den mutigen Vorstoß der *evangelischen und katholischen Pfarrei in Bruchsal*, die am 28. Juni dieses Jahres **(Kapitel 6, S. 77)** die unsägliche Spaltung der Christenheit in ihren Breiten beendet und eine Vereinigung ihrer Pfarreien beschlossen haben! Sie, die eigentlich im bewussten Widerspruch zur Lehre der katholischen Kirche gehandelt haben, erklären, dass „Alle sind eins" wichtiger ist als alle theologischen und kirchenpolitischen Überlegungen und Fragestellungen. Für sie ist der Gedanke der weltumspannenden Christenheit bedeutender als das Denken in Konfessionen. Ich gratuliere ihnen zu diesem Mut und zur ersten ökumenischen Gemeinde und hoffe, dass dieser revolutionäre Vorstoß in Deutschland und in der ganzen Welt Schule machen wird! Ich wäre glücklich, wenn wir spätestens im Jahre 2017 - genau 500 Jahre nach der Spaltung der Christenheit - die weltweite Wiedervereinigung der Christenheit, einschließlich der Vereinigung mit der östlichen Kirche, feiern könnten!

Jeder Wissenschaftler stellt seine Anfangsbedingungen, Parameter und Annahmen in Frage, wenn das gewünschte Ergebnis nicht erreicht wird. Auch wir als Kirche müssen uns fragen, ob das bestehende Paradigma - unsere derzeitigen Glaubensvorstellungen und religiösen Überzeugungen - uns hilft, die zahllosen Probleme in der Welt, wie dauerhafte und ansteigende Armut und Not zu lösen. Leider muss ich hier feststellen, dass dies uns nicht gelungen ist! Im Gegenteil, Armut, Not und Elend haben sich sogar, insbesondere in den Entwicklungsländern, in den letzten Jahren verschärft! Deshalb brauchen wir einen **Paradigmenwechsel** in unseren Glaubensvorstellungen und Überzeugungen. Wir benötigen - um einen kleinen Ausflug in die Computerwelt zu wagen - ein neues, moderneres Betriebssystem für die Kirche! Wenn ich hier auf einem IT-Kongress stünde, könnte ich auch nicht auf Windows 95 verharren, sondern müsste Windows XP und höher verkünden (die Mac-Benutzer mögen mir gnädig sein …☺).

Die Grundlagen für ein neues Paradigma, das auch für uns Kirche genutzt und eingesetzt werden kann, haben in den letzten Jahren zahlreiche Wissenschaftler und Autoren gelegt, die ihre Erkenntnisse aus den modernen Wissenschaften, insbesondere der Quantenphysik, gewonnen haben. Beispielgebend für viele möchte ich hier den Forscher und Autor *Gregg Braden* erwähnen, der mit seinem Buch *„Im Einklang mit* *der göttlichen Matrix*" **(Kapitel 7, S. 80)** eine entscheidende Bresche für ein neues Weltbild geschlagen hat. Diese göttliche Matrix ist für ihn ein hochintelligentes und komplexes Organisationsprinzip, ein kosmisches Muster, ein Energie- bzw. Quantenfeld, das sowohl alle physischen Erscheinungen erzeugt, als auch die gesamte Schöpfung miteinander verbindet. Andere sprechen von Ur-Bewusstsein, von göttlichem Urgrund, von Sein, wir als Kirche verwenden dafür den Begriff „Heiliger Geist" bzw. auch Gott. Einen entscheidenden Impuls für einen Paradigmenwechsel haben auch die Bücher des deutsch-amerikanischen Bestseller-Autors *Eckhart Tolle* „*Jetzt - die Kraft der Gegenwart*" **(Kapitel 8, S. 86)** und „*Eine neue Erde*" **(Kapitel 9, S. 92)**, die ich mit Begeisterung gelesen habe, ausgelöst.

In Umsetzung dieser modernen Erkenntnisse müssen wir uns fragen, ob zum Beispiel das Beten und Bitten noch zeitgemäß ist und zu den gewünschten Resultaten führt. Da wir ständig in Kontakt mit der **göttlichen Matrix** stehen und mit ihr kommunizieren, versteht die Matrix unser Bitten paradoxerweise als Aufforderung, das Gewünschte nicht zu geben! Denn mit unserem Beten und Bitten zeigen wir, dass wir es nicht haben - und es wird sich weiter dafür einsetzen, dass wir es nicht bekommen!! Diese Gesetzmäßigkeit muss schon Jesus vor 2000 Jahren erkannt haben, als er die Worte im gnostischen Thomas-Evangelium aussprach: „*Wenn ihr das in euch* *erzeugt, wird das, was ihr habt, euch erretten. Wenn ihr das nicht in euch habt, wird das, was ihr nicht habt, euch töten"*. So ist es ganz natürlich, dass der Hunger und die Not auf der Welt noch nicht beseitigt werden konnten - eben weil wir ständig darum bitten! Die richtige Entscheidung wäre, DANKE zu sagen, für die Fülle und den Reichtum auf dieser Welt und es im Herzen empfinden - und dann versteht diese Matrix das auch auf diese Weise und schüttet es auf uns aus! Denn der Schlüssel zur Matrix geht nur über Gefühle und Überzeugungen - das ist die Sprache der Quantenwelt. Das ist der einzig machbare und auch logische Weg, wie wir auf Erden allen Menschen ein menschenwürdiges Leben ermöglichen können! Damit werden wir zum aktiven Schöpfer und Mitgestalter unseres eigenen Lebens und fühlen uns nicht mehr höheren Mächten ausgeliefert. Wir brauchen dann nicht mehr auf eine Erlösung oder das Kommen eines Messias zu warten!

Ab sofort werde ich also - und ich fordere auch alle dazu auf - nicht mehr bitten und beten, sondern danken für die Fülle und den Reichtum auf dieser Welt!! Wiederum ist es *Gregg Braden*, der mit seinem Buch „*Verlorene Geheimnisse des Betens*" **(Kapitel 10, S. 101)** uns diese Weisheit vermitteln will. Das Danken bringt uns auch in das „Hier und Jetzt", ins Sein, und damit in Verbindung mit der Matrix, der gestalterischen Kraft des Universums. Mit Bitten und Beten hängen wir entweder an der Vergangenheit fest oder lauern auf die Zukunft. Beides ist kontraproduktiv und hält uns in Armut und Krankheit gefangen. Schon Jesus lehrte das Sein und nicht das Haben. Auch *Erich Fromm* hat mit seinem Werk „*Haben oder Sein*" **(Kapitel 11, S. 106)** diese christliche Metapher fundamentiert. Er proklamiert das Aufbrechen der Haben-Struktur der Gesellschaft. Anstelle von Profit, Macht und Besitz setzt er das Sein und Teilen. Damit wird seiner Meinung nach eine Ablösung des Marktcharakters des Menschen durch einen produktiven, liebesfähigen Charakter erreicht.

Wenn wir von einer grundlegenden Erneuerung der Kirche sprechen, gehört nicht nur dazu, sich von Beten und Bitten zu lösen, sondern auch auf **Haben und Besitz** zu verzichten und die Kirche zu entinstitutionalisieren. Mit den dadurch freigesetzten Mitteln steht es in unserer sofortigen Macht, den Hunger und die Not auf der Welt in einem zeitlich überschaubaren Rahmen grundsätzlich zu beseitigen und weltumfassend soziale Gerechtigkeit und Menschenwürde herzustellen. Ich als Papst möchte mit gutem Beispiel vorangehen. So verzichte ich auf mein Papa-Mobil, das mir mit seiner Panzerung auch als Verkünder von Gottvertrauen nicht gut zu Gesicht steht. Auch den Ring, den nun niemand mehr küssen muss, könnte ich gut zum Beispiel auf der Internetverkaufsplattform eBay (☺)versteigern und damit einigen hungernden Kindern das Überleben sichern. An dieser Stelle fordere ich alle Bischöfe und Kardinäle auf, auf Prunk, Selbstdarstellung und Überhöhung ihrer Person zu verzichten und den Notleidenden mit den eingesparten Ausgaben zu helfen.

Einen gewaltigen Schritt in diese Richtung würde uns die Veräußerung des riesigen Vermögens, das die Kirche weltweit in Form von Geld, Gold, Edelmetallen, Kunstwerken, Kirchen, Kathedralen und auch Grundstücken und Immobilien besitzt, ermöglichen. Einen Anfang dazu möchte ich in Deutschland machen. Ich werde die Bischöfe in Deutschland anweisen, mir eine genaue Aufstellung der Vermögenswerte in ihren Bistümern zu übergeben. Mit dem Geld aus den zu veräußernden Werten möchte ich eine wertvolle und zukunftsweisende Initiative unterstützen: das **bedingungslose Grundeinkommen (Kapitel 12, S. 113)**. Dieses Einkommen soll bedingungslos jedem Bürger ausgezahlt werden, seine Existenz sichern und gesellschaftliche Teilhabe ermöglichen. Es ist ohne Bedürftigkeitsprüfung und ohne Zwang zur Arbeit zu gewähren. Die Einführung würde zu einem ökonomischen, gesellschaftlichen und politischen Paradigmenwechsel führen und Deutschland in eine Vorreiterrolle bringen. Schritt für Schritt könnte mit dem Riesenvermögen der Kirche auch ein Grundeinkommen weltweit eingeführt werden. Das wäre im Sinne Gottes, insbesondere von Jesus Christus, der schon vor 2000 Jahren prophezeit hatte, dass die ganze Menschheit den Himmel auf Erden erleben wird. Das kann in absehbarer Zukunft Realität werden und die Kirche ist in der Lage, einen wichtigen Beitrag dazu zu leisten!

Zum Abschluss möchte ich noch ankündigen, dass ab sofort das **Geheimarchiv des Vatikans** vollkommen offen steht. Ich lade alle Wissenschaftler und Forscher dieser Welt und auch andere Interessierte ein, das umfassendste Archiv der menschlichen Geschichte zu erforschen und zu erkunden. Es erwartet sie eine riesige Schatzkammer, die noch manche Geheimnisse lüften und preisgeben wird. Wir möchten damit den unumkehrbaren Weg der Öffnung, Wahrheit und Transparenz beschreiten. So darf es nicht mehr vorkommen, dass die Menschheit beispielsweise jahrhundertelang mit der Konstantinischen Schenkung, der größten Fälschung aller Zeiten, betrogen wurde. Das Archiv bietet noch viele Überraschungen. So wartet der Tod von Papst Johannes Paul I., der nur nach 33 Tagen Amtszeit auf mysteriöse Weise starb, noch auf seine endgültige Aufklärung. Auch die Prozessakten über Martin Luther und Michelangelo, skandalöse Papstdekrete oder die Zusammenarbeit mit den Nazis sollten bald ans Licht der Öffentlichkeit gebracht werden.

Noch fundamentaler wird die Forschung zum **Tod von Jesus Christus** sein. Wie jüngste Untersuchungen aufzeigen - und das wird für viele Christen unannehmbar sein - ist Jesus nicht am Kreuz gestorben! Deshalb gibt es auch keine Auferstehung - eine der grundlegenden Säulen unseres Christentums. Zu diesem Punkt ist sich jedenfalls die neutestamentliche Wissenschaft weltweit einig. Was wirklich bei der Kreuzigung geschehen ist, werden die weiteren Forschungen und Untersuchungen ergeben. So kann es sein, dass jemand anders als Jesus am Kreuz hing - wie es als eine Variante im Koran steht. Wahrscheinlich ist auch, dass Jesus selbst, der über gewaltige mentale Kraft verfügte, über das Einbrennen mentaler Bilder in das Bewusstsein der Menschen seine Kreuzigung vorgetäuscht hatte. Auch eine holographische Projektion von nicht von dieser Welt stammenden Mächten, die über eine hochentwickelte Technologie verfügten, ist denkbar. Sicher ist jedoch, dass Jesus nach diesem Ereignis nach Indien gegangen ist. Dort soll er gestorben und in Kaschmir begraben sein.

Ich habe in meiner Rede nur vieles anreißen können. Leider reicht die Zeit nicht, um zum Beispiel etwas zu den Themen Reinkarnationsgedanken, Erbsünde, Abtreibung u.v.m. zu sagen. Ich vertraue jedoch darauf, dass all diese Dinge im Zuge der Erneuerung der Kirche zur Sprache kommen und einer Klärung zugeführt werden. Dazu werde ich im Oktober nächsten Jahres das III. Vatikanische Konzil einberufen, das den Reformstau auflösen und einen Neuanfang, einen Reset wie bei einem Computer, einleiten wird.

*Liebe Frau Merkel, liebe
Bundestagsabgeordnete, liebe Zuschauer!*
Wir stehen vor einem messianischen Zeitalter, einem goldenen Zeitalter, in dem alle Menschen in Solidarität, Frieden und im Geiste der Nächstenliebe leben und es keine Armut, keine Not, keinen Krieg und keine Gewalt mehr gibt. Eine Welt, in der die Visionen wahr werden, die schon *John Lennon* in seinem Lied „*Imagine*" vor fast genau 40 Jahren besungen hat. Eine neue Welt ist im Entstehen, wo der Mensch wieder Selbstverantwortung übernimmt und seine innere Quelle entdeckt, die unerschöpflich und jederzeit erneuerbar ist (damit habe ich wieder einen Bogen zum Anfang meiner Rede gespannt, wo ich von der Wende zu erneuerbaren Energien in Deutschland sprach ☺).

Eine Welt, in der das Mysterium des Lebens wieder neu entdeckt wird und eine **neue Spiritualität** die Menschen erfasst, die zur Entfaltung eines stärkeren Gefühls von Selbstvertrauen und Eigenständigkeit beitragen wird. Eine Menschheit, die nach dem Grundsatz des Thomas-Evangeliums handelt, dass wir alle Söhne und Töchter Gottes - und damit alle Brüder und Schwestern sind! Und die die neuen fundamentalen Gesetzmäßigkeiten der modernen Naturwissenschaften sich zu eigen macht, die sagen, dass wir alle eins sind und miteinander in enger Verbindung stehen. Die göttliche Matrix oder auch Gott ist das „Alles in Allem", so ist jeder Mensch Teil von

Allem und somit ist Gott in jedem und jeder ist in Gott, denn zwischen beiden kann es keine Trennung geben! Die Welt ist modern gesprochen somit ein Hologramm, wo jeder Teil das Ganze widerspiegelt. Und in diesem neuen Paradigma hat auch kein Satan mehr Platz! Das englische Wort dafür ist Devil und ist ein gutes Beispiel für unser altes Denken: **D**enying **E**verything **V**aluable **I**n **L**ife (leugnet alles Wertvolle im Leben) - wenn wir aber das Wort umgedreht lesen entsteht daraus: LIVED!

All das wird unsere Erfahrungswelt auf immer verändern! Die Erkenntnis der Einheit aller Dinge wird enorme Konsequenzen auf allen Ebenen, auch auf der politischen Ebene, nach sich ziehen. Die bedeutendste und für alle umfassendste Erkenntnis wird aber sein, dass genug für alle da ist! Das wird ein neues Bewusstsein des Gebens erzeugen, das wiederum Haben in Sein verwandelt. Zukünftig wird damit Reichtum nicht als Besitz und Macht, sondern als Zugang zu etwas und als Glück definiert werden. Damit kann es uns gelingen, von einem Wirtschaftssystem des „Besitztums und der Macht" zu einem System der „Nutzung und Kooperation" zu wechseln, wie es als zentrales Anliegen bei *Neale Donald Walsch* in *„Gott heute - Gespräche mit Gott über die Spiritualität der Zukunft"* **(Kapitel 13, S. 117)** zur Sprache kommt.

Wir steuern auf eine Menschheit und eine Welt zu, die frei ist von ökonomischen Zwängen und die das Sein als Dauerzustand erleben wird. Auch Jesus war schon ein Held des Seins, des Gebens und des Teilens. Folgen wir ihm nach! Schöpfen wir aus dem Gut des Seins immerwährende Freude, Liebe, Glück und Fülle! Wandeln wir unsere Herzen, manifestieren wir gemeinsam eine neue Zeit!

„Und ich sah einen neuen Himmel und eine neue Erde" heißt es in der *Offenbarung des Johannes.* Das Fundament einer neuen Erde ist ein neuer Himmel - und das ist unser bewusstes Sein, unser erwachtes Bewusstsein im Hier und Jetzt. Und unsere Erde ist die äußere Wirklichkeit, eine Widerspiegelung des neuen Himmels auf der physischen Ebene. Dann wird der Gottesfunken, der in jedem Menschen steckt, zu einem Feuer, das Himmel und Erde zum Leuchten bringt und das goldene Zeitalter zur Wirklichkeit werden lässt.

Freuen wir uns gemeinsam auf diese Zukunft, auf das *„Reich Gottes mitten unter uns"*! ☺

Ihr Papst Benedikt XVI.

Ghostwriter: Johannes Rösler
Kontakt: johannes.roesler@web.de

Kapitel 1

Eine Palast-Revolution
Memorandum von 144 Theologen
„Kirche 2011: Ein notwendiger Aufbruch"

Sie wollen nicht mehr schweigen: 144 namhafte katholische Theologen-Professoren aus dem deutschsprachigen Raum haben im Februar 2011 ein Memorandum unterzeichnet, in dem sie eine tiefgreifende Kirchenreform fordern. Damit wollen sie auf die Tiefe der Krise der katholischen Kirche aufmerksam machen und zu einem offenen Dialog aufrufen.

Die Kernthese des Memorandums lautet: Die katholische Kirche kann nur dann „den befreienden und liebenden Gott Jesu Christi" verkünden, „wenn sie selbst ein Ort und eine glaubwürdige Zeugin der Freiheitsbotschaft des Evangeliums ist". Sie müsse „die Freiheit der Menschen als Geschöpfe Gottes" anerkennen und fördern, das freie Gewissen achten, sich für Recht und Gerechtigkeit einsetzen, natürlich dort einen flachen Freiheitsbegriff kritisieren, wo „die Würde des Menschen missachtet wird". Ihre konkreten Forderungen sind: das Ende des Pflichtzölibats, Frauen als Geistliche und die Beteiligung des Kirchenvolkes bei der Auswahl der Bischöfe.

Schon vor über 22 Jahren, im Jahre 1989, protestierten mehr als 220 Wissenschaftler in der Kölner Erklärung „Wider die Entmündigung - für eine offene Katholizität" gegen den autoritären Führungsstil von Papst Johannes Paul II., der gegen alle Widerstände Kardinal Joachim Meisner zum Erzbischof von Köln ernannt hatte.

Die 144 Theologen sehen sich in der Verantwortung, zu einem echten Neuanfang der Kirche beizutragen. Der massenhafte Austritt der Menschen aus der katholischen Kirche sowie die Missbrauchskrise sollten für die Kirche ein Zeichen sein, ihre verknöcherten Strukturen aufzugeben, damit sie neue Lebenskraft und Glaubwürdigkeit zurückgewinnt.

Auf dem Prüfstand stehen Macht- und Kommunikationsstrukturen, die Gestaltung des kirchlichen Amtes, die Beteiligung der Gläubigen an der Verantwortung sowie Moral und Sexualität:

- „Was alle angeht, soll von allen entschieden werden" ist das Credo bei der Forderung der Beteiligung der Gläubigen in allen Feldern des kirchlichen Lebens. So sollen sie an der Bestellung wichtiger Amtsträger (Bischof, Pfarrer) beteiligt werden, Mitverantwortung im Gemeindeleben übernehmen und sich in demokratischeren Strukturen an der Leitung ihrer Gemeinde beteiligen. Das kirchliche Amt muss dem Leben der Gemeinden dienen - nicht umgekehrt. Auch sind alle Entscheidungen transparent zu machen. Außerdem braucht die Kirche verheiratete Priester und Frauen im kirchlichen Amt.

- Gläubige sollen auch ihre Rechte geltend machen können. Dazu ist eine Verbesserung von Rechtsschutz und Rechtskultur notwendig. Ein erster Schritt dazu wäre der Aufbau einer kirchlichen Verwaltungsgerichtsbarkeit.

- Die Kirche muss wieder Vertrauen in die Entscheidungs- und Verantwortungsfähigkeit der Menschen setzen. Das betrifft insbesondere den Bereich individueller Lebensformen. So gebiete es nicht, Menschen auszuschließen, die Liebe, Treue und gegenseitige Sorge in einer gleichgeschlechtlichen Partnerschaft oder als wiederverheiratete Geschiedene verantwortlich leben. Es darf keine Bevormundung mehr geben.

- Nicht in Traditionalismus darf der Gottesdienst erstarren. Erfahrungen und Ausdrucksformen der Gegenwart müssen in ihm einen Platz finden. Die kulturelle Vielfalt bereichert das gottesdienstliche Leben und verträgt sich nicht mit Tendenzen zur zentralistischen Vereinheitlichung. Nur wenn die Feier des Glaubens konkrete Lebenssituationen aufnimmt, wird die kirchliche Botschaft die Menschen erreichen.

Um die anstehenden Probleme zu lösen wird aufgefordert, einen kirchlichen Dialogprozess zu führen. Es soll im freien und fairen Austausch von Argumenten nach Lösungen gesucht werden, die die Kirche aus ihrer lähmenden Selbstbeschäftigung herausführen.

Kapitel 2

Wir sind Schöpfer unseres eigenen Lebens - ob wir wollen oder nicht

*Die Trilogie „Gespräche mit Gott"
von Neale Donald Walsch*

Es ist der ungewöhnlichste Dialog, der in den letzten Jahren die Bestseller-Listen eroberte: die Gespräche mit Gott (GMG). Der Amerikaner *Neale Donald Walsch* hatte es gewagt, mit Gott zu sprechen und ihn herauszufordern. Ob das Blasphemie, Verrücktheit, Blödsinn oder auch knallharte Realität ist - egal, jeder Mensch kann und soll das für sich entscheiden. Jedenfalls strotzt die GMG-Lektüre, die sich auf drei Bücher verteilt, von Neuem, ja teils spektakulärem Wissen und Erkenntnissen. Wer wissen will, wer wir sind, woher wir kommen und warum wir hier sind, hat die besten Chancen, die Antworten dazu in diesen Bänden zu finden.

Ob gläubig oder nicht - die Bücher sind vollgepackt mit Dingen, die sich mit unserem Leben, mit Liebe, Schicksal, Gut und Böse, mit Tod und vielem mehr tiefgründig auseinandersetzen. Sie decken das ganze Spektrum menschlicher Erfahrung ab und geben den Menschen Hinweise, Tipps, ja wertvolle Werkzeuge in die Hand, wie das Leben besser verstanden und dementsprechend gemeistert werden kann.

Band 1 befasst sich mit dem Leben als Individuum, Band 2 mit dem kollektiven Leben auf diesem Planeten und Band 3 mit den umfassendsten Wahrheiten: der Kosmologie, der Reise der Seele bis zum Verständnis des Universums.

Die GMG-Bände wären in der Lage, komplett Glaubenssysteme, Weltmodelle, Überzeugungen, Einstellungen und Ideologien umzukrempeln und eine vollkommen neue Perspektive auf diese Welt zu werfen, die sich in einem neuen Bewusstsein und damit in einem Paradigmenwechsel manifestieren könnte. Manche Menschen und auch Institutionen, insbesondere die Kirche, hätten mit diesen Werken jedoch ein Problem. Sie vermitteln ein ganz anderes Gottesbild als es in den Kirchen gepredigt und in der Bibel gelehrt wird. So räumt Walsch gründlich mit überholten Glaubensüberzeugungen und Einstellungen auf. Das fängt an mit der Vertreibung aus dem Paradies, die als die segensreichste Entscheidung des „Schöpfers" angesehen wird, geht über die 10 Gebote, die es so nicht gibt, bis hin zur Verehrung eines Gottes, der das alles gar nicht will und möchte.

Die bedeutendste Erkenntnis aber lautet: Der Mensch ist eins mit Gott. Es gibt keine Trennung zwischen Gott und den Menschen. Gott ist nicht irgendwie da oben, sondern ist mitten im Leben. „Ich erfahre alles, was ich erfahre, durch euch", bringt es der „Walsch-Gott" auf den Punkt.

Auch hat die „Walsch-Gottheit" keine Bedürfnisse oder Vorlieben. Damit teilt er denjenigen eine Abfuhr, die einen Gott anbeten, sich niederknien oder in Ehrfurcht ihr Haupt beugen. Diese neue Einstellung würde die ganze Kirche zum Einsturz bringen, die auf Verehrung und Anbetung des einen Gottes ausgerichtet ist. Und der Papst müsste ein Dekret herausgeben, dass jegliche Verehrung eines Gottes, egal wo, ob in der Kirche, bei Gottesdiensten oder an anderen Orten und Gelegenheiten keinen Sinn ergibt und zu streichen ist. Das wäre damit zu vergleichen, als würde vor über 20 Jahren Erich Honecker die Reisefreiheit für alle Menschen in der DDR verkünden. Dazu kommt, dass dieser Gott auch keinen Gehorsam und keine Dienerschaft nötig hat. Er will auch nicht mehr um Erbarmen gefleht werden und vergibt uns demnach auch keine Schuld mehr, die es ja nun nicht mehr gibt. Nicht nur die Sünde hat ausgedient, auch die Hölle oder irgendein Himmelsgericht landet bei Walsch auf dem Scheiterhaufen der Geschichte. Dieses neue Paradigma kommt auch in dem aramäischen Vaterunser - der Originalfassung - zur Sprache. Hier verbiegt sich der Mensch nicht vor einem Gott und bittet um Gnade, sondern begegnet ihm auf Augenhöhe (siehe auch Kapitel 4).

Ein roter Faden durchzieht alle Bände: die eigene Schöpferkraft des Menschen. Wir sind schöpferische Wesen. Das Ziel des Menschen sei, sich ein Selbst zu erschaffen nach dem Ebenbild Gottes - ein göttliches Selbst - und damit zum Selbst-Ausdruck zu gelangen. Das ist der Prozess der Selbstverwirklichung. Diesem ordnet sich alles Leben unter, das nur deshalb existiert, um als Werkzeug unserer eigenen Schöpfung eingesetzt zu werden. Damit steuert die Seele ihr eigentliches Ziel an: die Evolution. Das bedeutet für sie, das höchste Gefühl der Liebe zu erfahren, die möglich ist. Und diese Erfahrung kann nur erreicht werden, wenn die Einheit mit „Allem was ist" erfahren wird. Dazu muss die menschliche Seele jedes menschliche Gefühl durchleben.

Voraussetzung dafür ist, dass der Mensch das Göttliche in allen Dingen und Ereignissen sieht, sei es in der Rechnung, die bezahlt werden muss, in der Krankheit, welche einen geliebten Menschen dahinrafft, in der Arbeit, die verloren geht oder im Fieber des Kindes. Jeder gegebene Umstand ist damit ein Geschenk und in jeder Erfahrung liegt ein Schatz verborgen. Mit den drei Begriffen: Wissend - erfahrend - seiend bringt Walsch die ganze Prozedur für den Sinn des Lebens auf den Punkt.

Für den, der arm, krank, depressiv oder sonst irgendwie angeschlagen ist, bedeutet das natürlich starker Tobak: alles anzunehmen und als Geschenk zu betrachten. Nimmt man aber diese Aussagen unter die Lupe, steckt darin eine tiefe Weisheit. Da wir alle diese Ereignisse - bewusst oder unbewusst - in unser Leben gezogen haben, sind wir auch dafür verantwortlich und müssen uns diesen stellen. Es muss irgendeine Instanz in uns geben, die das so gewollt hat! Egal ob Krankheit, Verschuldung oder HarzIV-Empfänger - jemand in uns weiß mehr als uns bewusst ist und hat diese Szenerie in unser Leben geholt. Und das deswegen, weil dieser, uns noch unbewusste Teil, den Überblick hat und weiß, dass uns diese Dinge und Ereignisse gut tun und uns weiterbringen. Damit verbunden ist die Annahme des „Jetzt". Dieses Jetzt ist auch die Essenz des Buches „Jetzt - Die Kraft der Gegenwart" von Eckhart Tolle (siehe Kapitel 8). Im „Hier und Jetzt" zu leben sei die Voraussetzung für Heilung und Besserung auf allen Ebenen. Es ist überraschend festzustellen, dass sowohl Walsch als auch Tolle viele Parallelen aufweisen und Gemeinsamkeiten haben.

Immer wieder wird in den GMG-Werken betont, dass wir unsere Welt ständig durch unsere Gedanken sowie die dazugehörigen Emotionen erschaffen. Dabei gibt es nur zwei Beweggründe: entweder Angst oder Liebe. Wenn die Menschen erkennen würden, dass sie die „herrlichsten, bemerkenswertesten und glanzvollsten Kreaturen sind, die je geschaffen wurden", würden sie sich niemals ängstigen! Dazu käme die Gewissheit, dass wir hier auf dieser Erde nichts lernen müssen, sondern nur demonstrieren sollen, wer wir sind. Und der einzige Grund, dass wir leben, liegt darin, dass wir die Fülle erfahren sollen, die uns umgibt. Das schafft Luft zum Atmen in schwierigen Zeiten und hilft den Menschen, sich auf ein neues Ziel und Visionen zu konzentrieren, die nur von Erfolg und Fülle geprägt sind.

Das neue „Betriebssystem", das uns die GMG-Bände vermitteln will, könnte in folgende Erkenntnisse zusammengefasst werden:

- Wir sind keine von Gott getrennten Wesen. Wir sind alle Eins. Und alles in dem Einen ist wechselseitig verbunden.
- Wir sind vollkommen, so wie wir sind. Auch alle Dinge sind vollkommen, und es gibt im Universum einen Selbstregulierungsprozess!
- Es ist genug für alle da!
- „Falsch" ist eine verstandesmäßige Vorstellung, die sich auf die relative Erfahrung gründet.
- Es gibt keinen Zufall.
- Alle Dinge sind zyklischer Natur.
- Der Mensch sollte als dreidimensionales Geschöpf leben.
- Es ist keine Veränderung der Umstände notwendig, sondern nur eine Veränderung des Bewusstseins.
- Liebe gibt alles und verlangt nichts.
- Wir sind auf der Erde um zu demonstrieren, wer wir wirklich sind.
- Jeder Gedanke ist Energie.
- Alle Dinge sind in Bewegung.
- Was du anderen gibst, gibst du dir selbst.

- Alles, was du von anderen erwartest, das tu auch ihnen.
- Jedes Wesen macht eine ganz persönliche Erfahrung vom Ganzen.
- Das ganze Leben auf der Erde würde sich augenblicklich verändern, wenn die Menschen Dinge tun, die aus dem Sein kommen.

Mit den GMG-Bänden bricht Walsch einem neuen Bewusstsein Bahn, das zu einer sozialen, sexuellen, erzieherischen, politischen, ökonomischen und theologischen Revolution auf diesem Planeten führen kann. Er verkündet eine neue Spiritualität und eine neue Kosmologie, die ein vollständig neues Verständnis für die Welt, in der wir leben und für das Leben selbst, schaffen kann und wird.

Kapitel 3

Willkommen im Weinberg der Liebe
Ein erotischer Gottesdienst in Köln

Er wurde zu einem Höhepunkt des evangelischen Kirchentages 2007 in Köln: der „erotische Gottesdienst". Gefeiert wurde er am 9. Juni mit über 400 begeisterten Menschen in der Kartäuserkirche in Köln. In einem gewagten Experiment wurden Sex, Leidenschaft, körperliche Nähe und Lust zum Inhalt des Gottesdienstes - getreu dem Motto des Kirchentages: „lebendig und kräftig und schärfer".

„Herzlich willkommen im Weinberg der Liebe" - am Eingang werden die Besucher der Kirche mit diesem Schild begrüßt. Der Gang zwischen den Bänken ist mit rotem Samt ausgelegt, von der Empore rieseln Wein- und Rosenblätter auf die Gemeinde herab. Eine junge Frau tanzt im roten Kleid zu Saxofonmusik über roten Samt. Ein Mann und eine Frau lesen erotische Verse vor. Statt des Abendmahls gibt es Rosenöl. Die Gläubigen salben sich gegenseitig Stirn und Hände. Viele haben ihre Schuhe ausgezogen, auch der Pfarrer.

Gelesen wird aus dem Hohelied Salomo, das einzige erotische Buch in der Heiligen Schrift. „Erotik und Lust sind keine von Gott abgetrennten Sperrgebiete. Lust will ausgelebt werden", predigt Pfarrer Armin Beuscher. Nach dem Vaterunser mahnt der Pfarrer: „Lobt Gott mit euren Körpern, mit eurer Lust und Zärtlichkeit."

Höhepunkte und Ausschnitte aus dem erotischen Gottesdienst

Begrüßung:
…Willkommen im Weinberg der Liebe, herzlich willkommen in diesem Gottesdienst. Wir laden Sie ein, sich mit allen Sinnen auf diesen Gottesdienst einzulassen. Wir feiern die Lebendigkeit, Sinnlichkeit und Erotik des Lebens und werden gerade deshalb nicht das „Schärfer", sondern das „Lebendige" und „Kräftige" in den Mittelpunkt stellen. Freuen wir uns an dem Leben und

an der Liebe und machen wir daraus ein Fest
des Glaubens.

Psalmgebet:
Lobt Gott mit eurer Lebendigkeit,
lobt ihn mit eurem Lachen.

Lobt Gott mit eurer Leidenschaft,
lobt ihn mit eurer Lust.

Lobt Gott mit euren Körpern,
lobt ihn mit eurem Atem und mit eurer Haut.

Lobt Gott mit eurer Zärtlichkeit,
lobt Gott mit euren Grenzen.

Lobt Gott mit dem Geschenk der Liebe,
lobt Gott mit der Freude, die der Augenblick
schenkt.

Lobt Gott mit Leib und Seele,
lobt Gott mit eurem klaren Verstand.

Lob Gott mit eurem Herzen,
Lobt ihn und bleibt jung in seiner Gegenwart.

Salbungsritual:
Die Liebe lebt nicht nur von Worten, sie lebt auch
von Zeichen der Liebe und der Zuwendung. Die
Salbung ist ein altes Zeichen der Zuwendung
und Liebe. Sie findet sich in vielen biblischen
Texten: bei der Salbung von Königen in alttes-
tamentlicher Zeit bis hin zur Salbung Jesu durch
eine Frau. Die Salbung ist ein zärtliches Zeichen
und zugleich Ausdruck für besondere Anerken-
nung und auch Bedeutsamkeit.

In diesem Sinn greifen auch wir das Symbol der Salbung auf. Mögen wir riechen und fühlen wie freundlich wir sein können und erahnen wie freundlich Gott ist.

Fürbitten:
- Gott, schön hast du uns gemacht - als Frau und als Mann, mit Lust und Leidenschaft hast du uns reich beschenkt.
- Fülle du die Krüge unseres Lebens mit Lust.
- Gott, Gebender aller Lebendigkeit, Kraft in uns, fließe durch uns und bewege uns.
- Gott, hüte uns Liebenden und behüte die Liebe, bewahre uns vor Verletzungen und Missbrauch der Kraft der Erotik.
- Gott, wo Körper und Seele verletzt werden, schenke Schutzräume und Orte der Geborgenheit.
- Wunden lass vernarben und Verletztes heilen.
- Gott, Quelle der Zärtlichkeit, lass uns das Leben lieben mit Leib und Seele und achtsam bleiben.

Auszüge aus der Ansprache:
Ein erotischer Gottesdienst will mit allen Sinnen anziehen und animieren, will berühren, will zur Liebe ermutigen, Sinnlichkeit erahnen lassen und in allem die Zärtlichkeit Gottes preisen.

Spüren Sie Ihrer Sehnsucht nach, spüren Sie Ihre Lebendigkeit, und lassen Sie sich hineinnehmen in die Atmosphäre der Lust im Weinberg der Liebe und unseren Andeutungen davon: den Duft der Rosen, die Hände, die wir einander reichen, den pulsierenden Rhythmus der Musik, der Kraft und Leidenschaft des Tanzes oder den Wohlklang der Worte.

Erotik und Lust sind keine vom Glauben abgetrennte Sperrbezirke, es sind lebendige Landschaften unseres Lebens vor Gott.

Erotik und Spiritualität leben von der Praxis und der Einübung. Von der Übung. Denn Lieben und Beten sind Künste.

Erotik ist eine schöne Gabe. Sie ist von Gott gewollt und geschenkt - Du und ich - wir sind vor Gott Liebende, Streichelnde und lustvoll Schreiende. Es gibt kein Leben, keinen Sex, wenn Gott schon schläft.

Wir sind die Weinberge der Liebe, Heimatorte der Erotik. Gott hat in uns seine Liebe und Lust gepflanzt, die kommt nicht vom Teufel. Mein Hintern, meine Hände, meine Zunge, mein Penis, meine Ohrläppchen sind Landeplätze der Lust.

Schmeckt einander, seht, riecht und fühlt wie freundlich das Leben sein kann, wie freundlich Gott ist, der uns einen Körper schenkt und uns Menschen zur Seite gibt, die das Leben und die Lust mit uns teilen.

Kapitel 4

Das Vaterunser im Widerspruch zu modernen wissenschaftlichen Erkenntnissen
Gott auf Augenhöhe begegnen - Das aramäische Vaterunser

Es ist das bekannteste Gebet des Christentums. Das Vaterunser. Es ist außerdem das einzige Gebet, das laut Neuem Testament Jesus selbst seine Jünger zu beten gelehrt haben soll. Es wird von Christen aller Kirchen und Konfessionen gebetet, von den meisten auch im Gottesdienst. Aber was da gebetet wird ist nicht das Original - und das seit 2000 Jahren. Es ist eine Übersetzung des ursprünglich in aramäisch verfassten Gebetes, durchdrungen mit Übersetzungsfehlern, Verfälschungen und Sinnverzerrungen. Dazu kommt, dass es aus heutiger Sichtweise fundamental gegen die neuesten Erkenntnisse in der modernen Wissenschaft, insbesondere gegen die Gesetze der Quantenphysik, verstößt.

Nehmen wir einmal das Vaterunser mit Hilfe von Quantenphysik, der Einsteinschen Relativitätstheorie und der modernen Bewusstseins- und Feldforschung auseinander. Und: benutzen wir unseren gesunden Menschenverstand und einen Schuss Spiritualität und Humor.

Es beginnt schon mit der Leugnung eines Axioms der modernen Physik, die das Universum als Hologramm beschreibt: Mit den Worten „*Vater unser, der du bist im Himmel*" wird zum Ausdruck gebracht, dass es etwas „Höheres" gibt, das sich nicht in unserer Welt befindet. Dieser Vater ist nicht nur getrennt vom Menschen, sondern er steht oberhalb des Menschen, ist mehrere hierarchische Stufen oder Ebenen höher angesiedelt. Die moderne Physik sagt hier etwas anderes: Die Welt ist ein dynamisches Gewebe von Beziehungen, im dem **kein** Teil fundamentaler ist als irgendein anderer Teil. Das drückt sich in der holografischen Natur der Dinge aus, die besagt, dass in jedem kleinsten Teil sich alles, das Ganze widerspiegelt. Der physikalische Nachweis kann mit jedem Hologramm erbracht werden. Es ist die viel zitierte Einheit aller Dinge, die unser Leben bestimmt und ausmacht. Schon im buddhistischen Avatamsaka-Sutra wird beschrieben, dass das gesamte Universum sich in jedem Ding bis hinunter zum kleinsten Staubkorn widerspiegelt.

Hier schon, bei den ersten Worten im Vaterunser, beginnt sich der Christ von Gott zu trennen. Er stellt ihn als einzigartig und anbetungswürdig hin. Einen Vater, der nicht in das Netzwerk oder in das dynamische Gewebe eingebunden zu sein scheint, sondern über den Dingen steht und in autoritärer Weise herrscht. Demnach sind wir „hier", während Gott irgendwo weit weg ist. Mit jedem Vaterunser wird diese Getrenntheit bekräftigt. Hier beginnt der Kniefall, die Unterwürfigkeit, die sklavische Untergebenheit der Christen unter einem Vater, einem Gott, der vom Menschen getrennt zu existieren scheint. Und da es etwas Höheres gibt, ist es einzigartig, muss es angebetet werden und entsprechend mit Würden, Hochachtung und Hosannas bedacht werden.

Ein Wort zum „Vater". Er ist männlich. Auch da streikt die Physik. Auch wenn er der Ursprung von Allem zu sein scheint, das alles Umfassende, aus dem sich alles entwickelt und entfaltet, kann es nicht männlich sein - sondern höchstens neutral. In den „oberen" Sphären, sprich im alles durchdringenden Feld, der Matrix, gibt es keine Polarität, die existiert nur in unserer materiellen Welt.

Vielleicht ist hier wieder ein Knochen „Os intermaxillare" notwendig - diesmal ein spiritueller -, der die Trennung zwischen Gott und Mensch ad acta legt. Im Jahre 1784 hatte Johann Wolfgang Goethe diesen Knochen, den Zwischenkieferknochen, beim Menschen entdeckt und damit bewiesen, dass es keine Trennung von Mensch und Tier gibt. Bis dahin galt das Fehlen dieses Knochens, der bei Säugetieren schon nachgewiesen worden war, als anatomische Rechtfertigung für diese Trennung. Auch Friedrich Engels, neben Karl Marx bedeutender deutscher Philosoph und kommunistischer Revolutionär - ein Ketzer aus christlicher Sicht - schrieb vor über 140 Jahren in seiner „Dialektik der Natur" den Satz: „In der Natur geschieht nichts vereinzelt, jedes wirkt aufs andere und umgekehrt" und bewies damit eine spirituelle, dem Verständnis der modernen Physik nahe Einsicht.

Aber wir sind erst an Anfang der Blasphemie des Vaterunsers. „*Geheiligt werde dein Name.*" Damit will der Betende sagen: Nicht ich bin heilig, sondern der da drüben oder vielmehr der da oben. Nicht der Mensch an sich ist in erster Linie anbetungswürdig, sondern eine fiktive Person, die er Gott nennt und die über Leben und Sterben herrscht. Das wäre so, als würde ein Physiker behaupten, das Hologramm x ist besser und höherwertiger als das Hologramm y, obwohl beide die gleichen Informationen in sich tragen. Gottes Defizit scheint in diesem Fall so groß zu sein, dass er angebetet werden möchte und dass er andere dazu bringen muss, sich vor ihm niederzuwerfen.

Aber es kommt noch drastischer: „*Dein Reich komme, dein Wille geschehe, wie im Himmel, so auf Erden.*" Hier hebelt die Kirche ein fundamentales Gesetz der Natur aus: Nämlich das von Ursache und Wirkung. Denn mit der Übertragung auf den Willen eines Herrn und dessen Wünsche und Sehnsüchte ist der Mensch nicht mehr die Ursache, sondern es gibt nur eine Wirkung ohne Ursache - und das ist ein physikalisches Märchen. Außerdem ist es Diktatur pur. Honecker und Stalin lassen grüßen! Nur einer scheint hier das Recht zu haben, die Welt zu regieren, seinen Willen aufzudrängen und in das Weltgeschehen einzugreifen. Der viel beschriebene und gelobte freie Willen des Menschen spielt hier keine Rolle mehr. Die Menschen werden damit entmündigt und gedemütigt. Der Mensch wird zum „Befehlsempfänger" Gottes degradiert.

Verletzt wird auch das von Albert Einstein im Rahmen der Relativitätstheorie entdeckte Einssein von Raum und Zeit. Sie sind untrennbar miteinander verbunden. Deshalb spricht man heute in Physikerkreisen von RaumZeit. Das bedeutet, dass das Wesen der Zeit ein ganz anderes ist, als es uns alltäglich bewusst wird. Dieses geheimnisvolle Wesen drückte Einstein mit den Worten aus: „Die Unterscheidung zwischen Vergangenheit, Gegenwart und Zukunft ist nur eine hartnäckige Illusion." Demnach liegt das „Reich Gottes" nicht in der Zukunft, sondern ist bereits da, es ist nur eine Frage des persönlichen Bewusstseins, dies zu erkennen und zu erfassen. Das propagiert auch Eckhart Tolle mit seinem „Jetzt" (siehe Kapitel 8). Jegliches Warten, Hoffen auf eine Erlösung oder das Wiederkommen einer Person ist damit illusionär.

„Unser täglich Brot gib uns heute." Ein frommer Wunsch, den Millionen Menschen leider nicht erfüllt bekommen, auch wenn sie es mehrmals täglich beten würden. Da der Wunsch nicht von Gott gewürdigt und respektiert zu werden scheint, muss die Ursache in fundamentaler Verletzung oder Missachtung von Gesetzmäßigkei-

ten liegen. Erst einmal bedeutet ein Wunsch, es nicht zu haben. Damit wird dem holografischen Universum, mit dem wir ständig kommunizieren und das uns regelrecht durchflutet, signalisiert, uns das Gewünschte nicht zu geben, weil wir eben darum bitten und damit zeigen, dass wir es nicht haben - ich gestehe, diese Logik ist nicht einfach (siehe Kapitel 10). Zweitens scheint hier ein Gesetz ausgehebelt zu werden: das Gesetz des Gebens und Nehmens. Und hier ist auch der Knackpunkt zu suchen: es ist Überfluss da! Wir merken dies, wenn wir in einem unserer vielen Supermärkte einkaufen gehen, andererseits aber hungern Menschen. Also liegt es nicht an Gott, sondern an den Menschen. Es ist einfach eine Frage des Verteilens, des miteinander Austauschens ...

Jetzt kommt erst die Farce, die das ganze christliche Weltbild durchzieht und das Weh und Ach in den Kirchen zum Klingen bringt: *„Und vergib uns unsere Schuld, wie auch wir vergeben unseren Schuldigern."* Der Mensch wird als Schuld beladen, schuldig oder auch sündig per se hingestellt. Selbst das Baby, so unschuldig wie nie, bringt eine Schuld mit: die Erbsünde. Ihm wird ein Geburtsfehler angedichtet, der so schnell wie möglich durch die Taufe ausgemerzt werden muss. Sich schuldig fühlen - natürlich gegenüber Gott - ist nichts anderes, als die Aufgaben nicht gemacht zu haben, die Gott ihm übertragen hat, oder den Auftrag nicht erfüllt oder seinem Willen nicht gehorcht zu haben. Damit droht ihm Schmach und Schande, und wenn er nicht bis zum Tod bereut, sogar die ewige Hölle. Die Kirche setzt hier auf unbewusste Menschen, denen Selbstachtung, Selbstverantwortung und Würde noch Fremdwörter zu sein scheinen. Kein bewusster, mitten im Leben stehender Mensch würde sich heute als schuldiger Mensch bezeichnen. Auch die Physik kennt keine „Schuldigen", auch keine Sünder. Auch die Natur nicht. Sie kennt höchstens Gewinner und Verlierer, wie im täglichen Menschsein auch.

Betrachtet man einmal das Thema Sünde und Schuld im Licht der Quantenphysik, entsteht ein überraschendes Paradoxon: die Schuld des Einen ist auch die Schuld des Anderen. Diese verzwickte Sache folgt aus dem Prinzip der Verschränkung - ein fundamentales Gesetz der Quantenphysik. Eine Verschränkung tritt dann ein, wenn zum Beispiel zwei Elektronen sich paaren. Sie sind fortan als Gesamtsystem zu betrachten. Trennt man dieses Zwillingspaar, bleiben sie auf ewig verbunden, was heißt, dass eine Zustandsänderung des einen oder eine „Behandlung" seines Partners sich sofort, ohne Zeitverzögerung - also im gleichen Moment - auf das andere Elektron auswirkt, egal, wo sie sich befinden und wie weit weg sie sind. Die Entfernung der beiden spielt keine Rolle. Dieses „Fernspüren" hat schon Albert Einstein beschäftigt, er sprach in diesem Zusammenhang von „spukhafter Fernwirkung".

Nach diesem quantenphysikalischen Prinzip - ich vermute, ein Gott kann sich aus diesen Gesetzen nicht raushalten - macht sich ein Elektron „schuldig", im selben Moment das andere aber auch. Das würde heißen, dass auch ein Gott schuldig wird, wenn der Mensch sich schuldig gemacht hat, weil sich alles im gleichen Moment vollzieht. Oh Gott, Gott macht sich schuldig - ein ketzerischer Gedanke! Wiederholt nicht die Kirche immer wieder einen ihrer wichtigsten Glaubenssätze: Was du einem anderen getan hast, das hast du mir getan? Hier stoßen wir wieder auf einen der vielen Widersprüche im Christentum, den Widerspruch zwischen dem Handeln, Tun, dem verstreuten Gedankengut und seinen eigentlichen, fundamentalen Grundsätzen!

„Und führe uns nicht in Versuchung ..."
Eigentlich übel, dieser Gott. Die Kirche schreibt ihm damit die Fähigkeit und Kraft zu, die Menschen heimtückisch in Versuchungen zu führen, um sich dann darüber zu beschweren, dass wir ihnen erliegen. Er wird also als ein Gott hingestellt, den man fürchten und vor dem man sich in Acht nehmen muss! Denn man weiß ja nicht, zu welchen Mitteln und Methoden er greift, und mit welcher List und Tücke er umgeht, und welchen Tag oder welche Uhrzeit er wählt, um diese Androhung in die Tat umzusetzen! Ein teuflischer, schlangenhafter Gott! Ein Albtraum! Gleichzeitig warnt dieser Satz die Gläubigen vor Veränderungen! Er soll den Ansichten, Normen und Mo-

ralvorstellungen des Glaubens treu bleiben, egal ob sie noch in die Zeit passen oder nicht - auf Ewigkeit. Ein Aufruf zur Treue und Starrheit. Versuche dich nicht oder lass dich nicht versuchen! Dass das Leben der Evolution unterliegt und sich ständig ändert - das scheint hier niemanden zu interessieren. In diesen Chor ist auch der Papst auf seiner Deutschlandreise 2011 eingestimmt, in dem er vor einer „Verweltlichung" warnte ...

„Sondern erlöse uns von dem Übel."
Aha, statt Versuchung, Erlösung. Von was? Natürlich von unseren vielfältigen Sünden. Endlich Erlösung. Fremderlösung. Nur ein anderer kann meine Fesseln lossprengen. Der Mensch selbst ist zu schwach dazu. Hier begibt sich der Christ in die eigene Machtlosigkeit.

Diese Teile aus dem Vaterunser, ja eigentlich das ganze Gebet, ist ein Beispiel für einen an Dogmen orientierten Glauben. Hier wird die Fähigkeit des Menschen, zur Selbsterfahrung und zu eigenen Erkenntnissen zu gelangen, abgesprochen. Das war nicht immer so. Erst mit dem Konzil von Nicäa im Jahre 325 n.Ch. wurden die Schriften, die zur Selbsterfahrung aufriefen - die so genannten apokryphen Schriften -, von den zu Macht gekommenen Kirchenfunktionären ausgesondert. Denn Menschen, die auf eigenen Bewusstseinswegen zu besonderen Erkenntnissen gelangen, wären nicht so beherrschbar gewesen. Deshalb wurden diese Erfahrungswege als Irrlehre bezeichnet und dieses gnostische Gedankengut der Vernichtung preisgegeben.

„Denn dein ist das Reich und die Kraft und die Herrlichkeit in Ewigkeit. Amen."

Gott bestimmt, wann und wo er sein Reich auf die Erde bringen wird. Er ist der Allerhöchste, der Mächtigste im Universum und der, einem Diktator gleich, Befehle ausgibt und Armeen in Marsch setzt. Ein Gebieter allen Lebens. Auch hier streikt die Quantenphysik. Kein Atom oder sogar Elektron kann ein Herrscher sein. Kein Molekül. Kein Bein. Kein Kopf. Kein Mensch. Alle sind im holografischen Universum gemeinsam Herrscher. Kein Atom kann ohne Elektron, kein Molekül ohne Atom und kein Mensch kann ohne Kopf je für sich allein existieren, geschweige herrschen. Alle herrschen „gemeinsam". Es gibt ebenso wenig ein auserwähltes Atom oder Molekül wie einen auserwählten Menschen.

Da kommt mir ein dazu passender Witz in den Sinn, der auf humorvolle Art zeigt, dass alle gleichberechtigt sind und niemand Chefrechte besitzt:

Alle Körperorgane streiten sich, wer nun eigentlich der Chef sei. Das Gehirn sagt: Ich habe den Anspruch, Chef zu sein. Denn ich koordiniere alles, herrsche über alle Organe und befehle alles. Da meldet sich die Lunge: Wenn ich nicht wäre, würdest du, Gehirn, nicht arbeiten können und ersticken. Ich bin damit der Chef. Da meldet sich das Herz: Und wenn ich nicht wäre, wärest du, Gehirn, blutarm und würdest deine Synapsen nicht mehr befeuern können. Ich bin der Chef. Da meldet sich der Magen, die Verdauung usw. Alle nehmen für sich den Anspruch, Chef zu sein. Am Schluss meldet sich der Arsch und sagt, dass er der Chef sei! Alle anderen lachen! Daraufhin reagiert der Arsch beleidigt und verschließt sich. Das geht ein oder zwei Tage gut. Am dritten Tag meldet sich der Magen. Er kann nichts mehr aufnehmen, weil die Entsorgung stockt. Am vierten Tag meldet sich das Herz. Da der Magen nichts mehr aufnehmen kann, wird das Herz nicht mehr mit der notwendigen Energie versorgt. Am nächsten Tag meldet sich schwer atmend die Lunge. Ganz am Schluss meldet sich das Gehirn. Zornesröte in Form eines Fiebers steht ihm im Gesicht geschrieben. Es beginnt zu phantasieren. Die Gifte und Schlackenstoffe, die nicht mehr entsorgt werden können, gelangen in die Synapsen und verursachen Fehlschaltungen. Am Schluss schreien alle Organe auf: O.k., Arsch, du bist der Chef!

Fazit des Vaterunsers

Das Vaterunser liefert uns nur eine begrenzte Wahrnehmung dieser Welt, verletzt grundlegende Prinzipien der modernen Physik und ist mit modern-evolutionären Anschauungen des heutigen Menschen nicht mehr kompatibel. Es passt zu dem alten Betriebssystem, das die Kirche heute den Menschen noch als „lebendiges Wort Gottes" verkündet. Es vermittelt uns, dass wir geringere Wesen sind, nicht fähig und auch nicht würdig, das Leben selbst zu entscheiden und in die Hand zu nehmen. Der Mensch wird in seinem So-Sein nicht angenommen, der Ist-Zustand wird nicht akzeptiert, ja seine Unvollkommenheit und Unwürdigkeit wird nachdrücklich bekräftigt. Und allein der Tatsache, dass wir in dieser Welt leben, bedarf es einer Erlösung und Gnade.

Dazu kommt, dass es den Menschen weismachen will, dass er Untertan ist und sich jemand Höherem beugen und ihn verehren muss. Damit macht das Vaterunser die Menschen klein und unwürdig und beraubt ihnen ihr Selbstwertgefühl und Selbstvertrauen. Das erzeugt Schuldgefühle, Sorgen und auch Angst, Gott nicht zu gefallen und damit bestraft und gerichtet zu werden. Damit wird der eigene und auch der kirchliche Schmerzkörper ständig mit Nahrung gefüttert (siehe Kapitel 8). Aus diesem Grund brauchen sich die Menschen nicht wundern, dass durch das Beten dieses Vaterunsers entsprechend der Psychoneuroimmunologie (Lehre von der Abhängigkeit des Immunsystems von Gefühlen und Stimmungen) und der Psychosomatik (Lehre vom Zusammenhang zwischen geistig-seelischen und körperlichen Vorgängen) biochemische Reaktionen ausgelöst werden, die am Körper nagen und ihn auch zerstören können.

Das Vaterunser verleugnet, dass der Mensch eine Kraftquelle in sich trägt. Es ist die innere Stärke des Menschen. Diese speist sich aus unserer Einmaligkeit. Die eigene Einzigartigkeit zu erkennen bedeutet, unverwechselbar, individuell zu sein. Mit dieser Erkenntnis kann es dem Menschen gelingen, aus eigener Kraft sein Leben zu gestalten und ein Selbstbewusstsein zu entwickeln.

Eigentlich ist es paradox: Mit jedem Gedanken und mit jedem Wort, mit dem sich der Mensch klein macht gegenüber Gott und damit sein eigenes Selbst niedermacht, verleugnet er eigentlich Gott! Damit ist dieses Vaterunser kein Lobgesang oder keine Ehre auf einen Gott, sondern seine Verleugnung und Herabwürdigung!!

Das ursprüngliche, aramäische Vaterunser - Gott auf Augenhöhe begegnen

Das ursprüngliche, das wahre Vaterunser ist in aramäischer Sprache verfasst - der Muttersprache von Jesus. Es enthüllt ganz andere Bedeutungsnuancen als die übersetzte Variante und ist mit den Erkenntnissen der heutigen Wissenschaft konform. Es ist kein Vaterunser, das einen Gott zeigt, der autoritär ist, der Menschen Furcht einflößt und ihn klein macht. So weist Gott beispielsweise keine Schuld zu und er führt niemanden vorsätzlich in Versuchung. Außerdem ist er kein „Er". Es zielt auf die Vereinigung mit einer liebenden, allgegenwärtigen Gottheit hin und es gibt Anleitungen, wie z.B. den Umgang mit anderen

Menschen und zeigt einen direkten Weg zur Befreiung, ja eigentlich zur Erleuchtung. Die unten angegebene Übersetzung stammt von Neil Douglas Klotz, Autor zahlreicher Bücher und international bekannter Theologe und Psychologe aus Schottland.

Aktuelles Vaterunser	*Aramäisches Vaterunser*
Vater unser im Himmel, geheiligt werde dein Name.	*O Gebärer(in)! Vater-Mutter des Kosmos, bündele Dein Licht in uns - mache es nützlich.*
Dein Reich komme. Dein Wille geschehe, wie im Himmel, so auf Erden.	*Erschaffe Dein Reich der Einheit jetzt. Dein eines Verlangen wirkt dann in unserem - wie in allem Licht, so in allen Formen.*
Unser tägliches Brot gib uns heute.	*Gewähre uns täglich, was wir an Brot und Einsicht brauchen.*
Und vergib uns unsere Schuld, wie auch wir vergeben unsern Schuldigern.	*Löse die Stränge der Fehler, die uns binden, wie wir loslassen, was uns bindet an die Schuld anderer.*
Und führe uns nicht in Versuchung, sondern erlöse uns von dem Bösen.	*Lass oberflächliche Dinge uns nicht irreführen, sondern befreie uns von dem, was uns zurückhält.*
Denn dein ist das Reich und die Kraft und die Herrlichkeit in Ewigkeit. Amen.	*Aus Dir kommt der allwirksame Wille, die lebendige Kraft zu handeln, das Lied, das alles verschönert und sich von Zeitalter zu Zeitalter erneuert. Amen*

Während die Christen mit dem Vaterunser die Getrenntheit vom Schöpfer bekräftigen, geht das Original von einer engen Verbundenheit und Beziehung mit ihm aus. Mit den Worten *„O Gebärer(in)! Vater-Mutter des Kosmos, alles, was sich bewegt, erschaffst Du im Licht. Bündele Dein Licht in uns - mache es nützlich"*, wird deutlich, dass Gott nicht weit entfernt und getrennt ist. Seine schöpferische Kraft durchpulst unser Leben und durchdringt die ganze Welt. Das vermitteln uns auch Gregg Braden mit seiner „Göttlichen Matrix" (siehe Kapitel 7) und auch andere Wissenschaftler und Autoren. Auch das Männliche ist abgeschafft.

„Erschaffe dein Reich der Einheit jetzt. Dein Verlangen wirkt dann in unserem wie in allem Licht, so in allen Formen" will ausdrücken, dass wir alle eins sind, miteinander verbunden. In allem ist Gott enthalten, vom kleinsten Molekül bis zur größten Galaxie, vom Grashalm bis zum Wind. Mikro- und Makrokosmos wirken ineinander und miteinander. Es ist wie ein ewiger Tanz. Diese Einheit und Verbundenheit ist nicht erst im Himmel, sondern im Jetzt - auf der Erde. Sein Wille ist dann unser Wille. Es gibt keinen strengen Patriarchen, der nur seinen eigenen Willen durchsetzen will.

Dass wir nicht nur eindimensionale Menschen sind, drückt die Zeile *„Gewähre uns täglich, was wir an Brot und Einsicht brauchen"* aus. Einsichten und Erkenntnisse im Leben sind genauso bedeutend wie unser tägliches Überleben.

Bei der Zeile „*Löse die Stränge der Fehler, die uns binden, wie wir loslassen, was uns bindet an die Schuld anderer*" sind Wirkung und Ursache nicht aufgehoben, sondern werden betont. Wir als Menschen werden als Schöpfer unseres Selbst betrachtet, das die Zügel unseres Lebens selbst in die Hand nehmen kann und den Umgang mit anderen Menschen regelt. Es wirkt auch wie eine befreiende Botschaft, die an das Sprengen von Fesseln erinnert. Es findet kein Vergeben unserer Schuld mehr statt, sondern eine Rückkehr in den ursprünglichen Zustand, dem „Heil sein". Hier setzen auch die modernen Methoden der Quantenheilung an, die eine Rückanbindung bzw. Zurücksetzung in den Anfangszustand als Weg zur Heilung aufzeigen.

„*Lass oberflächliche Dinge uns nicht irreführen, sondern befreie uns von dem, was uns zurückhält.*" Hier kommt eine grundlegende Wahrheit ans Licht: Das eigene Sein erfahren und die ureigene, in uns steckende Kraft. Also nichts von einem Vater, der uns vorsätzlich in Versuchung führt.

Aus dem Satz „*Aus Dir kommt der allwirksame Wille, die lebendige Kraft zu handeln, das Lied, das alles verschönert und sich von Zeitalter zu Zeitalter erneuert*" kommt die Dynamik des Weltgeschehens, der Entwicklung der Menschheit zur Geltung. Es gibt keinen Stillstand, kein ständiges Wiederholen und Festhalten an überholten Glaubenssätzen, sondern einen ständigen Wandel. Hier offenbart sich die evolutionäre Kraft des Menschen, die befähigt, eine neue Welt zu schaffen, die schöner und lebenswerter ist.

Ergebnis:

Das aramäische Vaterunser führt den Menschen in eine frisch wirkende, unverstaubte mystische und undogmatische Welt. Es vermittelt uns eine neue Spiritualität, wie es auch in den Büchern von Neale Donald Walsch, Gregg Braden, Eckhart Tolle und vielen anderen zum Ausdruck kommt, ist gnostisch geprägt und stimmt mit den neuen wissenschaftlichen Erkenntnissen, insbesondere der Quantenphysik, überein. In ihm drückt sich das Wiederfinden der ursprünglichen Einheit aus, ein Aufgehen in dem Urgrund allen Seins. In diesem Sinne wirkt das aramäische Vaterunser im Gegensatz zum aktuellen Vaterunser aufbauend und heilend. Es vermittelt Herzensqualitäten und die, die es sprechen können, sind vom Klang der Worte begeistert.

Zudem spiegelt es hermetische Gesetzmäßigkeiten wider, die der sagenhafte Hermes Trismegistos, eine mystische Gestalt, die als eine Verschmelzung des griechischen Gottes Hermes mit dem ägyptischen Gott Thot beschrieben wird, verfasst haben soll. Diese früher geheim gehaltenen, sprich verschlossenen Schriften, offenbaren große Wahrheiten, die mit dem heutigen quantenphysikalischen Wissen neu entdeckt und bewiesen wurden. Sie drücken die mystische Verbundenheit des Menschen und aller Dinge der Natur in einer gewollten, sinngeprägten und zielbestimmenden Schöpfung aus.

Die Verquickung des aramäischen Vaterunsers mit Quantenphysik und den sieben hermetischen Lebensgesetzen ist ein lebendiges Beispiel für das Zusammenwachsen von altem Wissen, religiösen Wahrheiten und moderner Naturwissenschaft. Die Anwendung dieser Erkenntnisse ermöglicht es dem Menschen, in andere Dimensionen des Lebens vorzustoßen und ein neues, erweitertes Bewusstsein zu kreieren, das ihm ermöglicht, zum Schöpfer seines eigenen Lebens zu werden. Er wird dann zu einem wirklichen, echten Alchimist.

Der Austausch des aktuellen gegen das ursprüngliche Gebet könnte zu einer Erneuerung des Christentums und auch zu einem Brückenschlag zu anderen Religionen führen.

Kapitel 5
Das Christentum:
ein weltgeschichtlicher Irrtum?
„Der Jesus-Wahn" von
Heinz-Werner Kubitza

Wenn all das stimmt, was in dem Buch „*Der Jesuswahn*" mit dem spektakulären Untertitel „*Wie die Christen sich ihren Gott erschufen - Die Entzauberung einer Weltreligion durch die wissenschaftliche Forschung*" steht, müsste die Kirche sofort alle Kerzen ausblasen und ihre Pforten schließen! So resümiert der Autor, *Heinz-Werner Kubitza*, dass die wissenschaftliche Forschung die historische Haltlosigkeit der Fundamente des Christentums weitgehend und hinlänglich belegt hat. Das Christentum mit seiner Geschichte und seiner Dogmatik entpuppe sich als weltgeschichtlicher Irrtum, als folgenreicher Selbstbetrug, als eine weltanschauliche Luftnummer.

Die Begründungen sind tiefsinnig und gut recherchiert. So sei sich die historische Forschung einig darüber, dass der Jesus, wie ihn die Kirchen verkündigen, so niemals existiert hat! Ein im Wirken Jesus begründeter und fundierter Zusammenhang mit der über ihn verbreiteten Kirchenlehre gäbe es nicht! So werden in den Messen Wunder erzählt, die Jesus nie begangen hat und über Worte gepredigt, die er nicht gesprochen hat. Nach Kubitza wurde Jesus im Laufe der Geschichte seiner jüdischen Verwurzelung beraubt und einem christlichen Universalismus dienstbar gemacht. Die Beförderung Jesu vom frommen Juden zum ersten Christen sei eine geistesgeschichtliche Vergewaltigung. Erst die Christen haben den Juden Jesus quasi zum Christen gemacht, zum angeblichen Begründer einer Religion, die er, „hätte er sie gekannt, sicher aus vollem Herzen abgelehnt hätte".

Besonders krass zeige sich das in der Blut- und Vergeltungstheologie, deren eigentlicher Autor Paulus ist. Von einer Erlösung durch Blut, von einer Vergebung am Kreuz finde sich bei Jesus keine Spur. Ganz im Gegenteil: sein Gott vergibt, auch ohne dass Blut fließen muss! Im Gleichnis vom verlorenen Sohn wird der reuige Sünder wieder aufgenommen, eine Satisfaktion ist nicht notwendig! Aus einem menschenfreundlichen Gott wurde bei Paulus ein Rachegott, der mit Blut besänftigt werden muss, so Kubitza.

Zur Mythologie der Auferstehung von Jesus Christus schreibt der Autor, dass die historische Forschung mit unumstößlicher Sicherheit zeige, dass Jesus gar nicht von den Toten auferweckt wurde. Damit sei die Grundlage des Christentums, der größten Religion auf der Erde, zerstört. Die Auferstehung beweise sich somit als welthistorischer Humbug.

Auf den Prüfstand stellt der Autor insbesondere die heiligen Schriften. In der neutestamentlichen

Wissenschaft gelte es als erwiesen, dass viele dieser Schriften einen falschen Verfassernamen tragen und gefälscht sind. So einige Paulusbriefe und auch Petrusbriefe. Auch die Reden des Johannesevangeliums wurden von den Evangelisten frei erfunden. Sie sollen nichts oder kaum etwas mit der tatsächlichen Verkündigung von Jesu zu tun haben. Alles in allem seien es fragwürdige Fundamente, auf „denen eine Weltreligion Kathedralen und Paläste gebaut hat."

Insgesamt widersprechen die Schriften des alten und des neuen Testamentes an unzähligen Stellen auch den elementaren Grundsätzen einer modernen und freiheitlichen Rechts- und Gesellschaftsordnung. Sie seien Relikte aus einer anderen Zeit, Überbleibsel einer Epoche und eines Paradigmas, welches „auf den Schutthaufen der Geschichte gehört".

Zum Thema Sünde schreibt der Autor, dass mit Hilfe der Sünde die Kirche Macht über den Menschen ausübe. Prominent hat diese Meinung Friedrich Nietzsche in seinem Werk „Der Antichrist" formuliert: „Die Sünde ... diese Selbstschändungsform des Menschen par excellence ist erfunden, um Wissenschaft, um Kultur, um jede Erhöhung und Vornehmheit des Menschen unmöglich zu machen; der Priester herrscht durch die Erfindung der Sünde."

Mit diesem kirchlichen Gehorsams-Regiment wurden die Gläubigen selbst von ihrer „sündigen Natur" überzeugt und wurden so ihre eigenen Kerkermeister. Heute sei die Lehre vom Menschen als Sünder mit der Wirklichkeit nicht mehr kompatibel.

Zölibat, Diffamierung der Frau, Frauenfeindlichkeit, Hölle und Jungfrauengeburt sind einige der weiteren Themen, denen sich der Autor ausführlich und mit historischem Hintergrundwissen in seinem Buch widmet.

Nach der Auffassung des Autors trägt das starre Festhalten an überlieferten und angeblich ewigen und heiligen Glaubenssätzen wahnhafte Züge. So entbehre beispielsweise das ganze Weihnachtsfest jeglicher historischer Grundlage. Das Hauptfest der Christen gründe sich auf Legenden.

Mein Kommentar:
Wäre das Mittelalter noch Realität, würde der Autor als Gotteslästerer bezeichnet, mit einem Bann belegt, schlimmstenfalls auf dem Scheiterhaufen landen und seine Werke auf die schwarze Liste gesetzt. So geschehen mit vielen Wissenschaftlern, die das Kirchenweltbild in Frage gestellt haben und als Ketzer gebrandmarkt wurden. Kubitza scheint jedoch alle noch zu übertreffen: Er stellt das ganze Christentum in Frage, ja er bezeichnet es sogar als weltgeschichtliche

Luftnummer! Als Irrtum! Alles ist Schall und Rauch - ein religiöser Wahn biblischen Ausmaßes. 2000 Jahre habe die Welt einem Irrtum aufgesessen, einer Kirche gehuldigt, die von Anfang an keine Existenzberechtigung hatte. Eine Kirche, die die halbe Menschheit doktriniert hat und noch tut.

Mich würde interessieren, ob der Papst, sein Beraterstab, seine Bischöfe oder andere im Vatikan diese Literatur lesen und/oder auswerten. Und wenn - welche Schlussfolgerungen sie daraus ziehen. Oder überlesen sie es einfach? Als ich kürzlich einen bekannten Theologen nach diesem Buch fragte, schüttelte der nur den Kopf und sagte: „Das tue ich mir nicht an." Warum und was will er sich nicht antun? Kippt es sein Glaubensverständnis? Wird ihm plötzlich vor Augen gehalten, dass er sein Leben lang auf der falschen Fährte war, dass er einem Irrtum aufgesessen ist?

Den SED-Parteisekretären und vielen anderen Politologen in der ehemaligen DDR muss es nach dem Mauerfall ähnlich gegangen sein. Plötzlich befanden sie sich in einer Realität, die sie mit ihren ideologischen Mitteln bekämpft und als das Böse schlechthin bezeichnet hatten.

Trotz aller möglichen Bedenken und Einwände zu diesem Buch steht jedenfalls fest, dass die alten Glaubensvorstellungen über Gott und über das Leben nicht mehr funktionieren. Das ist auch aus den Werken von Walsch (siehe Kapitel 3 und 13) zu lesen. Viele Glaubensvorstellungen und religiöse Überzeugungen sind nicht funktional, sie sind einfach funktionsgestört. So kann es nicht sein, dass der Vatikan elementare Menschenrechte einfach ignoriert, indem er es zum Beispiel nicht zulässt, dass Frauen ein Priesteramt ausüben können und nur Männer die Glaubensgewalt besitzen. Noch immer wird auch die Homosexualität als Sünde angesehen und die aus dem Lehramt gejagt, die sich dazu bekennen.

Dazu kommt, dass die Kirche vehement die neuen wissenschaftlichen Erkenntnisse ignoriert. So hinkt die Entwicklung der Religion hinter der Entwicklung im Bereich der Wissenschaften, Technologien, Psychologie und vieler anderer Gebiete komplett hinterher.

Die Kirche ist der Meinung, dass alles, was es zu sagen gäbe, bereits gesagt wurde, alles, was es zu wissen gäbe, bereits bekannt ist, alles, was es zu verstehen gäbe, bereits verstanden worden ist. Diese Rechthaberei und Selbstgerechtigkeit ist der Untergang der Kirche, ja im Prinzip aller Religionen.

Für die Kirche scheint die Erde noch eine flache Scheibe zu sein, die es mit allen Mitteln zu verkünden und zu verteidigen gilt. Ihre „geheiligsten" Glaubensvorstellungen und Überzeugungen zu wandeln oder/und neue Horizonte zu erobern fürchtet die Kirche wie der Teufel das Weihwasser.

Trotz all dieser offensichtlichen Verletzungen, Ungerechtigkeiten und Ignoranz der Kirche gibt es Menschen, die einem Papst zujubeln, der wie ein Fürst und König auftritt und ein mittelalterliches System verkündet, das mit unserer Wirklichkeit kaum zusammenpasst. Es ist, als würde ein Computerspezialist aufrufen: Nehmt Windows 95 statt ein neues Betriebssystem, wie Windows 7 und höher.

Alles in allem ist die Kernbotschaft der Kirche und auch der meisten Religionen nicht Freude, Unschuld und das Feiern des Selbst, sondern Angst, Schuldgefühle und Selbstverleugnung. Sie rauben dem Menschen das Selbstwertgefühl. Der Mensch soll sich nicht mit seiner göttlichen Natur befassen, sondern mit seiner sündigen Natur. Der Mensch soll nicht mit einem Lächeln des Staunens über die eigene Großartigkeit zu Gott gehen, sondern ihn wegen der zahlreichen Sünden um Gnade anflehen.

Schon der Philosoph und Gesellschaftskritiker Bertrand Russel sagte einmal: „Die Religion ist nicht nur intellektuell, sondern auch moralisch gesehen abträglich. Damit meine ich, dass sie einen ethischen Kodex lehrt, der dem menschlichen Glück nicht dienlich ist."

Kapitel 6
Wir wollen eins sein ...
Die revolutionäre Wiedervereinigung einer katholischen und einer evangelischen Gemeinde

Einen mutigen, gleichsam revolutionären Schritt wurde 2011 in Bruchsal vollzogen: die Wiedervereinigung einer katholischen und einer evangelischen Pfarrei. Am 28. Juni 2011 beschloss der Pfarrgemeinderat der Pfarrgemeinde St. Peter in der römisch-katholischen Erzdiözese Freiburg die Vereinigung mit der protestantischen Nachbarpfarrei, der Gemeinde Paul-Gerhardt in der evangelischen Landeskirche Baden. Gleichzeitig forderten sie in einem gemeinsamen Brief an den Erzbischof Zollitsch die Aufhebung des Zölibats.

Diese Vereinigung ist geschichtsträchtig und einem Mauerfall vergleichbar. Sie vollzieht sich nicht nur knapp 500 Jahre nach der legendären Spaltung der Christenheit, sie steht auch im krassen Widerspruch zur Lehre der katholischen Kirche, obwohl diese immer wieder betont, wie wichtig die Wiederherstellung der Einheit aller Christen sei. So hat schon Papst Johannes Paul II. in seiner Enzyklika „Ut unum sint" hervorgehoben, dass „die Sorge um die Wiederherstellung der Einheit Sache der ganzen Kirche ist, sowohl der Gläubigen wie auch der Hirten, und jeden angeht, je nach seiner Fähigkeit".

Der Vorstoß ordnet sich ein in die lange Tradition in Bruchsal, wo schon seit über 50 Jahren gute ökumenische Beziehungen zwischen den beiden Gemeinden gepflegt werden. So finden bereits gemeinsame Bibelwochen statt. Die Gemeindefeste, an denen beide Kirchenchöre an der Gestaltung mitwirken, werden gegenseitig besucht. Ökumenische Kinderbibeltage, ökumenischer Jugendkreuzweg sowie einmal im Jahr der gegenseitige Besuch von Gottesdiensten sind weitere Meilensteine bei der engen Zusammenarbeit beider Gemeinden. Mit der Vereinigung steht nun einer gemeinsamen Feier eines „Brückenfestes" nichts mehr im Wege.

Hier ein Auszug aus dem geschichtsträchtigen Dokument der Vereinigung mit der evangelischen Nachbarpfarrei:

Wir wollen eins sein...
- Wir erachten den Willen Jesu Christi, dass alle eins seien, als gewichtiger als alle theologischen und kirchenpolitischen Überlegungen und Fragestellungen, und wissen uns der Überzeugung verpflichtet, ihm mehr gehorchen zu müssen als den Menschen.

- Wir stehen uneingeschränkt zur Tradition und der eigenen Spiritualität unserer Gemeinden und bekennen die Vielfalt christlichen Lebens in miteinander vereinbarer Verschiedenheit.

- Wir bekennen uns zur synodalen Struktur der Alten Kirche und erwarten von unseren eigenen Kirchenleitungen, sich dieser urkirchlichen Tradition wieder zu besinnen.

- Wir erkennen, dass in unseren Gemeinden Jesus Christus zum Tisch des Herrn einlädt und wissen darum, dass er niemanden, der in seiner Nachfolge steht, auslädt. Diese gegenseitige Gastfreundschaft erklären wir hiermit ausdrücklich.

 - Für uns ist der Gedanke der weltumspannenden Christenheit bedeutender als das Denken in Konfessionen. Wir erklären uns dementsprechend zur ökumenischen Pfarrei St. Peter in der römisch katholischen Erzdiözese Freiburg.

Dieser Erklärung gingen eine lange Diskussion sowie tiefgreifende Auseinandersetzungen voraus. So wurde in vielen Gesprächsrunden über Gemeinsamkeiten und Unterschiede in den beiden Konfessionen diskutiert, über Vertrautes und Befremdliches sowie über gute und schlechte Erfahrungen in der Ökumene geredet.

Dabei wurde deutlich, dass konfessionelle Vielfalt einen Reichtum an geistlichen Traditionen bedeutet, die Spaltung jedoch verhindert, dass es ein Miteinander gibt, insbesondere bei der Feier des Abendmahls bzw. der Eucharistie.

Kapitel 7
Ein neuer Code für die Wirklichkeit
Die Offenbarungen von Gregg Braden in
„Im Einklang mit der göttlichen Matrix"

Der Raum um uns ist nicht leer! Wir sind umgeben und durchdrungen von einem universalen, alles verbindenden Energiefeld, das sowohl Gefäß als auch Bindeglied und Spiegel ist für alles, was in unseren inneren Welten und dazwischen geschieht! Diese Weisheit, die einer Offenbarung gleichkommt, will uns *Gregg Braden* mit seinem Buch *„Im Einklang mit der göttlichen Matrix"* vermitteln. Gleichzeitig zeigt er uns die unendlichen Möglichkeiten auf, die sich mit dieser Erkenntnis für uns Menschen ergeben. Wir sind damit nicht nur Beobachter des Geschehens, sondern wir erzeugen - da wir als Mensch Teil dieser Matrix sind - auch ständig unsere eigene Realität - bewusst oder unbewusst. Und zwar durch die Art unseres Denkens und Fühlens!

Grundlage seiner Erkenntnisse sind die neuesten wissenschaftlichen Entdeckungen, wie in der Quantenphysik. Sie demonstriert uns, dass nichts auf der Welt getrennt existiert, sondern alle Dinge miteinander verbunden sind - durch dieses Energiefeld, das Braden die göttliche Matrix nennt. Andere Wissenschaftler sprechen in diesem Zusammenhang auch von einer unsichtbaren Struktur aus Information und Energie - oder einfach von Bewusstsein oder auch Geist.

Dieses gewebeähnliche Muster existiert in allem, von den kleinsten Teilchen eines Atoms bis hin zu den fernsten Galaxien. Es erschafft alle Materie und speist sie mit seiner unendlichen, ständig pulsierenden Kraft. Schon der Quantenphysiker Max Planck hatte vermutet, dass wir hinter der Materie einen bewussten, intelligenten Geist annehmen können, den er als „Urgrund aller Materie" bezeichnete. Für ihn gab es keine Materie an sich. Alle Materie entstehe und bestehe nur durch eine Kraft, welche die Atomteilchen in Schwingung bringt und alles zusammenhält.

Unsere sichtbare Welt ist demzufolge nur ein kleiner Aspekt dieses kosmischen, hoch komplexen und intelligenten Energiefeldes. Sie bildet eine neutrale Oberfläche, die einfach nur das reflektiert, was auf sie projiziert wird. Damit ist die Matrix ein perfekter Spiegel unserer innerseelischen Konstellation. Die Heilung beginnt damit, diese Spiegelung anzuerkennen. Das wirft eine vollkommen neue Sichtweise auf unsere Welt. Wir sind damit Künstler und das Kunstwerk zugleich.

Konkret bedeutet das, wenn wir eine Veränderung im Außen bewirken wollen, dass eine fundamentale Veränderung im Inneren vorausgehen muss. Das ist besonders für die Menschen schwer verständlich, die es gewohnt sind, im Außen zu rackern, zu machen und zu tun - und dennoch nicht immer die gewünschten Resultate erzielen. So sind bereits viele Mediziner zur Erkenntnis gekommen, dass alle Versuche im Außen - nämlich über die Bekämpfung der Symptomatik einer Krankheit - nicht wirklich zu einer Heilung führen, weil damit die im Hintergrund wirkende Matrix nicht verändert wird. Sie bleibt aller Bemühungen zum Trotz unberührt.

Dieses Energiefeld, diese Matrix, ist holographischer Natur, das heißt, dass im noch so kleinsten Teil auch immer das Ganze enthalten ist! Für uns Menschen bedeutet das, dass in jedem von uns ein Abbild oder Muster des großen Ganzen, der allumfassenden Matrix, vorhanden ist - und dass wir Teil von jedem Blatt, von jedem Stein und jedem Fluss, von jedem Regentropfen und selbst von dem kühlen Windhauch sind. Es gibt also in uns etwas, was nicht durch Zeit und Raum begrenzt und offensichtlich nicht den uns bekannten physikalischen Gesetzen folgt. Damit hat jeder von uns Zugang zu allem und jeder besitzt die Macht, nicht nur sein eigenes Bewusstsein und damit sein Leben, sondern auch das gesamte Bewusstsein der Menschheit zu verändern!

Das heißt konkret, wenn wir Menschen uns nicht mehr als getrennt voneinander ansehen, haben wir Zugang zu dieser Kraft, zu diesem Bewusstsein, das für uns schöpferisch tätig wird. Eine wichtige Konsequenz aus diesen Erkenntnissen ist auch, dass alles gleichzeitig überall ist (die

Physik spricht von Nicht-Lokalität), dass es kein Hier und Dort und auch kein Gestern und Morgen gibt. Schon Einstein hat vor über 100 Jahren erkannt, dass die Unterscheidung von Vergangenheit, Gegenwart und Zukunft eine hartnäckige Illusion sei.

Die Quintessenz daraus ist, dass wir als Menschen machtvolle und eigenständige Schöpfer sind! Die Religionen haben jedoch damit ein Problem. Sie stufen den Menschen als nur passiven Beobachter ein, dessen Schicksal vom Willen und Wollen eines Gottes abhängig ist („Herr, dein Wille geschehe"). Der Mensch ist unwürdig, klein und auf die Gnade eines Gottes angewiesen. Damit gießen sie Öl ins Feuer des Selbstzweifels und der Angst und berauben dem Menschen die Eigenverantwortung für sein Leben und damit das Selbstvertrauen und seine Selbstachtung. Dazu kommt, dass sie Gott und den Menschen als voneinander getrennt ansehen - entgegen den neuesten Erkenntnissen aus der Quantenphysik. Der Mensch ist hier, während „Er" da oben sitzt und Macht über alles ausübt. Die Religionen verkennen jedoch, dass der Mensch eins ist mit „Gott" und er an der Erschaffung und Gestaltung der göttlichen Matrix aktiv beteiligt ist - und zwar durch seine Überzeugungen und Emotionen. Und das, obwohl schon Jesus das holographische Prinzip gekannt haben muss. So spricht er von der Macht des Glaubens. Wie wenig nötig ist (ein Senfkorn), um Großes zu bewegen, in seinem Fall einen Berg zu versetzen. „Nichts wird euch unmöglich sein", proklamierte er seinen Jüngern.

Wenn wir die neue, innere Technologie, die uns Braden vermitteln will, anwenden wollen um für uns Glück, Fülle und Frieden zu schaffen, müssten eigentlich alle Gebete, Bitten und viele andere Rituale, wie zum Beispiel das alte Vater-unser (siehe Kapitel 4), aus dem Kirchenregister gestrichen werden. Denn mit dieser Glaubens-haltung werden die Probleme nur noch verstärkt, statt dass sie gelöst werden. Statt ständig einem leidenden und am Kreuz sterbenden Jesus nach-zutrauern (obwohl er nach dem neuesten Stand der neutestamentarischen Forschung gar nicht am Kreuz gestorben ist - siehe Kapitel 5), sollten die Menschen für die Fülle, Liebe und Schönheit auf dieser Welt danken, diese heiligen und das Leben feiern.

Denn die Sprache der Quantenwelt sind Überzeugungen und Gefühle. Erst wenn wir das, was wir erreichen wollen, in unserem Herzen empfinden, ohne zu urteilen und das Ego außen vor lassen, können sich diese Werte in der Welt verwirklichen. Es ist hier wieder Braden, der mit seinem neuesten Buch „Die verlorenen Geheim-nisse des Betens" (siehe Kapitel 10) eine Bresche in die Köpfe und Herzen der Menschen schlagen will.

Auch Neale Donald Walsch hat in seiner berühmten GMG-Trilogie (siehe Kapitel 2) dieses Problem auf seine Tagesordnung gesetzt und ein neues Denken gefordert. Für ihn ist die Erreichung des Sein-Zustandes des Menschen die grundlegende Voraussetzung, um Fülle, Liebe und Frieden für alle zu erreichen. So ist es ein Unterschied, ob wir auf ein Ereignis hinarbeiten oder aus ihm heraus denken und fühlen. Heute ist es gang und gäbe, ein Ereignis herbeizuwirken, in dem die Menschen etwas tun, um dann zu haben und anschließend zu sein. So gehen wir arbeiten, verdienen Geld, um uns dann etwas leisten zu können. Walsch schlägt einen vollkommen anderen Weg vor. Er dreht dieses Tun-Haben-Sein um und macht daraus ein Sein-Haben-Tun. Wenn die Menschen so leben, erfolgt das Tun automatisch, ohne Energieaufwand und Mühe. Als Beispiel dafür kann man die Kampfkünste anführen. Wenn jemand ein Stück Holz mit seiner Handkante durchschlagen will, konzentriert sich der Kämpfer auf das durchgeschlagene Holz. Er spürt die Freude des Vollbringens und nicht die Mühe des Dahingelangens.

Das Sein durchzieht auch die Werke von Eckhart Tolle „Jetzt - die Kraft der Gegenwart" und „Eine neue Erde" (siehe Kapitel 8 und 9). Auch Erich Fromm zeigt in seinem Werk „Haben oder Sein" (siehe Kapitel 11) auf, was eine Umstellung vom Haben zum Sein bewirken kann.

Zum Wort Matrix:

Das Wort Matrix stammt aus dem Lateinischen und bedeutet wörtlich „Gebärmutter". Diese Metapher zeigt uns, dass hinter unserer sichtbaren, physischen Welt eine unsichtbare Struktur aus Information und Energie existiert. Sie bildet gleichsam eine geistige Gebärmutter, durch die die physische Welt überhaupt in Erscheinung treten kann. Daraus folgt, dass eine Veränderung in unserer physischen Welt nur durch die Matrix, die allumfassende geistige Struktur im Hintergrund, geschehen kann.

Kapitel 8

Die Freude des SEINS: Jetzt oder Nie
„Jetzt - die Kraft der Gegenwart" von Eckhart Tolle

Die Idee oder das Konzept der Gegenwärtigkeit, das Leben im Hier und Jetzt, durchzieht das Werk von *Eckhart Tolle „Jetzt - Die Kraft der Gegenwart"*. Weg vom zwanghaften Denken, weg von der Vergangenheit und auch von der Zukunft, immer ja sagen zum gegenwärtigen Moment - dann ist der Mensch im Hier und Jetzt. Damit hat er Zugang zum zeitlosen und formlosen Reich des Seins, das Tolle als die „Ursubstanz" oder die „Essenz des Lebens" bezeichnet, aus dem alle Formen, auch wir als Mensch, entstehen. Diese unsichtbare und unzerstörbare Essenz - Gregg Braden nennt es die „Göttliche Matrix" (siehe Kapitel 7) - kennt nur Liebe, Freude und Frieden. Und mit der Würdigung des gegenwärtigen Augenblicks lösen sich Unglück und Kampf auf und das Leben beginnt mit Freude und Leichtigkeit zu fließen. Im Bewusstsein des gegenwärtigen Augenblickes sind Sorgfalt, Wertschätzung und Liebe in allem enthalten, was der Mensch tut, und sei es noch so schlicht - so Tolle.

Mit der Gegenwärtigkeit hat die Kirche (und nicht nur diese) ein Problem. Jeder Gottesdienst und jede andere Zeremonie, jedes Ritual oder jede Anbetung katapultiert die Menschen aus dem Hier und Jetzt hinaus. Insbesondere ist das Vaterunser ein Angriff auf das Jetzt (siehe Kapitel 4). Der Gläubige rutscht entweder ständig in die Vergangenheit oder er stiert in die Zukunft, wo seine Erlösung wartet. So wird durch das ständige Feiern des Todes und der Auferstehung von Jesus Christus der Gläubige 2000 Jahre und damit in die Vergangenheit zurückversetzt. Sie wird wieder aufgerollt und in die Gegenwart hineingetragen, wo sie eigentlich nichts zu suchen hat. Gleichzeitig wird durch die Hoffnung auf das baldige Kommen „unseres Erlösers" die Zukunft heraufbeschworen.

Der Gläubige pendelt ständig zwischen Vergangenheit und Zukunft, zwischen Erinnerung und Erwartung hin und her. Er lebt in diesen beiden Extremen, schaltet damit den gegenwärtigen Augenblick aus und verlagert ihn in die Zukunft, wo das Paradies wartet. Er baut sich einen zeitlichen Käfig, der dazu noch ständig verteidigt und gehütet werden muss. Damit koppelt er sich vom Zugang zum Jetzt und somit vom zeitlosen und formlosen Sein ab - und damit paradoxerweise auch von „Gott". Er verpasst das Jetzt, das Kostbarste, was der Mensch besitzt. Das Leben ist jetzt. Es gibt kein Leben in Vergangenheit oder Zukunft, wie das die Kirche den Menschen weismachen möchte. Damit stellt jeder Gottesdienst eigentlich einen Angriff auf das „Jetzt", somit auf das Leben selbst und auf die ureigene „Göttlichkeit" des Menschen dar!

Die ständige Beschäftigung mit Vergangenheit und Zukunft gibt den Christen eine Identifikation. Sie identifizieren sich mit der Kirche, mit Jesus Christus, den Heiligen und anderen Vorbildern und projizieren auf diese ihre Gefühle, Hoffnungen und Sehnsüchte. Diese Identität stellt eine Flucht vor der unbefriedigenden Realität dar und lässt sie aus dem Hier und Jetzt fliehen. Bewusst oder unbewusst binden sie daran ihren Selbstwert und opfern auf dem Altar ihre Eigenverantwortung. Jede dieser Projektionen ist mit einer Energieabgabe verbunden, die an der eigenen Kraft und Stärke zerrt. Es sind Energieräuber, die dem Leben seine Frische, Dynamik und auch das Staunen über das Leben nehmen. Die Freude und die Leichtigkeit des Seins geht verloren und das Leben wird als Kampf und Last wahrgenommen.

Wie in einer Soap-Opera werden in jedem Gottesdienst die alten Muster aus Gedanken, Emotionen und Verhalten immer wieder aufgeführt, damit aufgewärmt und mit den emotionalen Verletzungen, die die Menschen erlitten haben, vermischt. Das erzeugt nach den Gesetzen der Quantenphysik ein negatives Energiefeld, das sich an den Menschen heftet und ihn negativ beeinflusst. Tolle gibt diesem Feld den Namen „emotionaler Schmerzkörper". Dieser Körper besteht aus eingeschlossener Lebensenergie, die sich abgespalten hat und durch die Identifikation mit dem Verstand autonom geworden ist.

Dieser Schmerzkörper ist bei Tolle ein falsches Selbst, das ständig gefüttert, verteidigt und aufrechterhalten werden will. Er unterliegt der Zeit und bringt die Krankheit des Verstandes zum Ausdruck. Dieser Ego-Verstand leitet sein Selbstwertgefühl immer aus äußeren Dingen ab. Der Schmerzkörper möchte immer wieder genährt werden, und zwar durch Schmerz. Eine wichtige Nahrungsquelle findet er in jedem Gottesdienst, wo der Schmerzkörper in Resonanz mit alten Mustern gehen kann und dadurch wieder aufgeladen wird.

Der Mensch, der sich so mit seinem Verstand identifiziert hat und damit sein Selbstwertgefühl aus der Vergangenheit und Zukunft holt, hat die Angst als ständigen Begleiter. Angst, nicht den Ansprüchen und Forderungen - in diesem Falle eines Gottes - zu genügen. Diese Unvollkommenheit, Unwürdigkeit und diese „Sündhaftigkeit" erzeugt einen Mangel, der immer wieder durch Gebete und Anbetungen, durch ein „Wohlgefallen vor Gott" wettgemacht werden muss. Es ist ein Loch, das immer wieder gestopft werden muss. Damit ergreift der Schmerzkörper immer stärker Besitz vom Menschen. Er zwingt den Menschen entweder in eine Opfer- oder Täterrolle. So ist die Selbstkasteiung von Menschen, wie es sich durch die Kirchengeschichte hindurch zieht, eine Ausdrucksweise eines starken Schmerzkörpers. Manchmal sind diese Schmerzkörper so gewaltig, dass sie ihren eigenen Wirt angreifen. So entstehen Krankheiten, Unfälle und Schicksale.

Der individuelle Schmerzkörper hat wiederum Einfluss auf den kollektiven, den kirchlichen globalen Schmerzkörper, der sich durch die Überlagerung der vielen einzelnen Individuen ausbildet. Auch dieser hält Ausschau nach Schmerz, um weitere Nahrung zu erhalten. Durch das Gesetz der Resonanz nährt sich dieser aus der Armut und dem Leid der Menschen, ja ganzer Völker. Das ist eine Erklärung dafür, dass trotz aller Bitten und Gebete die Armut und das Leid in der Welt nicht geringer geworden sind, ja sie sich noch in den letzten Jahren verstärkt haben! Gefüttert wird der kirchliche Schmerzkörper auch durch den Vatikan, der durch die Beharrung auf die überholten und nicht mehr zeitgemäßen Rituale ständig das Schmerzensfeuer schürt. Der Papst, als eloquenter Vertreter dieser Institution, ist sich dabei in keiner Weise bewusst, dass er ein veraltetes Betriebssystem verkündet, das noch auf eine Trennung zwischen Gott und den Menschen und aus der Verleugnung des gegenwärtigen Augenblicks, dem Jetzt, beruht. Obwohl er sich als Stellvertreter Christi ausgibt, macht er genau das Gegenteil seines „Vorgängers", der vorgelebt hatte, dass das Reich Gottes nicht nur in jedem Menschen sich befindet, sondern bereits da ist, das heißt im Hier und Jetzt erfahren werden kann.

Freiheit von Angst und Leiden, vom Muss, irgendetwas erfüllen zu müssen, kann nur erlebt werden, wenn Vergangenheit und Zukunft ausgeschaltet sind. Dann lebt der Mensch im Zustand des Jetzt. Nur hier erlebt er wahre Erlösung und Erfüllung. Nur hier gibt es Frieden und ein Leben in Fülle. Der Mensch erwartet dann keinen Erlöser mehr, sondern erlöst sich selbst, in dem er sich in den immerwährenden Zustand des Hier und Jetzt begibt. Er braucht dann keinen Gottesdienst mehr zu besuchen oder zur Beichte zu gehen, sondern kann sich voll und ganz auf sich selbst verlassen. Er hat seine Selbstständigkeit und eigene Würde wieder gewonnen und Selbstverantwortung für sein Leben übernommen. Daraus entsteht eine echte Selbstachtung, die in eine reine Daseinsfreude mündet, die unabhängig von äußeren Faktoren wirkt. Er hat zu seiner eigenen „Göttlichkeit" gefunden.

Es gibt hierzulande keine Gottesdienste, in denen das Leben im Hier und Jetzt gefeiert und der Lebendigkeit Ausdruck verliehen wird. Eine Messe, wo nicht mehr ein „Erlöse uns von dem Übel", „Ich bin nicht würdig" oder „Herr, erbarme dich unser", sondern ein „Willkommen im Hier und Jetzt" über die Lippen von Priester und Besucher kommt. Eine Ausnahme wurde auf dem evangelischen Kirchentag im Jahre 2007 in Köln praktiziert, wo eine erotische Messe (siehe Kapitel 3) zelebriert wurde, die einen wichtigen Impuls in die Welt hinausgesandt hat, einmal andere Inhalte und Formen für Gottesdienste zu finden.

Kapitel 9
Ein Ende der Gestörtheit des menschlichen Ego-Geistes
„Eine Neue Erde" von Eckhart Tolle

Utopien und Visionen über die Erde und über die darauf lebenden Menschen gibt es schon seit Menschengedenken. Aber die, die uns *Eckhart Tolle* in seinem Buch *„Eine neue Erde"* vermitteln will, ist keine Utopie, sie ist bereits da. Es ist die Vorstellung von einer Gesellschaft, in der Frieden und Harmonie herrscht und in der alle Probleme gelöst sind. Und sie tritt nicht erst in naher Zukunft in das Leben, sondern kann unmittelbar erlebt und gefühlt werden! „Und ich sah einen neuen Himmel und eine neue Erde" wie es in der Offenbarung des Johannes vor über

2000 Jahren verkündet wurde, ist also kein Zukunftsereignis, was die Menschen befreien wird, sondern ist sofort erlebbar! Der Zugang dazu ist das „JETZT". Dieses Jetzt oder auch das Eintauchen in das „SEIN" ist nach Tolle ein Erwachen des Bewusstseins aus der Form, mit der sich viele Menschen identifiziert haben.

Sinn und Zweck vieler Menschen ist es heute, etwas anzusammeln, aufzubauen, zu bewahren, erfolgreich zu sein und die Sinne zu befriedigen. Dazu ist es notwendig, etwas zu „tun". Dieses Tun ist eine nach Außen gerichtete Bewegung, die im Grunde von unserem Ego, das Tolle mit dem Denken gleichsetzt, gesteuert wird. Dieses Ego identifiziert sich mit der Form, also mit Gegenständen, Menschen und Umständen und macht diese für sein Glück oder auch Unglück verantwortlich. Diese Identifizierung begründet sein Selbstwertgefühl. Sie gibt ihm ein Gefühl der Bedeutung, des Ich-Seins und auch oft der Überlegenheit. „Ich habe, darum bin ich", ist das Credo des Egos. Und „umso mehr ich habe, umso mehr bin ich". Und: „Ich habe noch nicht genug" heißt, „ich bin noch nicht genug". Der Mensch kauft damit zum Beispiel kein Produkt, sondern einen „Identifikationsverstärker", also ein Ding zur Selbsterhöhung. Es ist ein Versuch, sich selbst darin zu finden. Das macht ihn blind für die Verbundenheit mit dem Ganzen - eine neue Dimension, die uns heute die moderne Quantenphysik vermitteln will. Mit jedem Haben und Wollen trennt sich der Mensch vom Ganzen ab. Die damit einhergehende Befriedigung ist jedoch nur oberflächlicher Natur und lässt im tiefsten Inneren ein Gefühl der Unzufriedenheit und Unvollkommenheit zurück. Dieses führt wiederum zu einem weiteren Sog nach Außen, einem mehr Wollen und Haben. Daraus entsteht eine immer stärkere Abhängigkeit von Dingen und Menschen.

Dieses Brauchen und Haben ist eine Art von Besessenheit, die unsere heutige Konsumgesellschaft und die Wirtschaftsstrukturen begründet, die als einziges Maß für Fortschritt das „Mehr" sehen. Das Ergebnis ist eine wuchernde Gütervermehrung, die uns noch in den Abgrund reißen könnte, wenn sie nicht gestoppt wird. Dieses Streben nach endlosem Wachstum bezeichnet Eckhart Tolle als eine Krankheit. Es ist wie mit wuchernden Krebszellen, deren einziges Ziel ihre Vermehrung ist und die nicht mitkriegen, dass sie andere Zellen und den Wirt, in dem sie leben, zerstören.

Das Ego ist aber nicht nur beim Menschen vorhanden, es ist auch in Glaubenssystemen, Ideologien oder politischen Organisationen, wo eine starke Identifizierung mit den Zielen, dem Glauben und seinen Dogmen stattfindet, präsent. Damit verbunden ist eine Starrheit und Blindheit gegenüber alternativen Interpretationen der Wirklichkeit bzw. ein Verschließen gegenüber dem Zeitgeist. Wenn zum Beispiel in der Kirche gebetet wird: „Ich glaube an die heilige katholische Kirche", wird dieser Widersinn, diese Identifikation mit Glauben und seinen Dogmen, deutlich zum Ausdruck gebracht. Die Kirche verschanzt sich hinter ihrer Struktur, hinter einer Form und verhindert damit eine Öffnung des Bewusstseins. Damit trennt sie sich von der Ganzheit und damit von der spirituellen Dimension in den Menschen ab. Sie setzt Wahrheit mit Glauben gleich und behauptet, im alleinigen Besitz der Wahrheit zu sein. Die Kirche ist im Grunde ein Egokollektiv, eine verknöcherte Struktur, die Eindringlinge, Andersdenkende und andersartige Menschen ausschließt oder sie ihren Ämtern enthebt. Aber dieser rigiden Struktur ist die Auflösung immanent, wie wir es am Beispiel der DDR erlebt haben. Damit ist die Kirche dem Untergang geweiht, falls sie sich nicht doch noch dazu entschließt, sich einem neuen Bewusstsein zu öffnen und alternative Interpretationen zuzulassen.

Der eigentliche Sinn und Zweck des Lebens ist damit nicht in der Identifikation mit einer Form, also im Außen zu finden. Er liegt nicht in dem was wir tun, sondern in dem, was wir sind. Und das ist unser Bewusstsein. Das ist unser inneres Ziel. Wir sind im ursprünglichen Sinn Bewusstsein, also Nicht-Form. Mit anderen Worten sind wir „Sein". Dieses Sein ist immer da, in allen Dingen und Umständen, es wird jedoch durch die Identifikation mit diesem verborgen. Das Erwachen aus der

Form geschieht im „Hier und Jetzt" - zwei Schlüsselworte, die auch das Erstlingswerk von Eckhart Tolle „Jetzt - Die Kraft der Gegenwart" (siehe Kapitel 8) durchziehen.

Das Erreichen des inneren Zieles ist das vorherrschende Thema in Eckhart Tolles Buch „Eine neue Erde". Dieses Ziel besteht darin, zu erwachen und sich damit von der Identifikation mit der Form zu befreien. Dieses ist der Grundstein zur Verwirklichung von äußeren Zielen. Das Erwachen ist für Tolle ein Bewusstseinswandel, in dem sich Denken und Bewusstheit trennen. Das Übel ist also unser Denken, das die Wirklichkeit in leblose Fragmente spaltet. Diese fragmentarische Sicht führe zu unklugem, destruktivem Handeln. Statt dass sich der Mensch im Denken verliert oder sogar ein Sklave dessen wird, erkennt er sich als Bewusstheit dahinter. Statt dass das Denken unser Leben regiert, dient es fortan der Bewusstheit, die mit der universellen Intelligenz in Verbindung steht. Tolle bringt damit den Denkansatz von Erich Fromm auf den Punkt, den dieser in seinem Werk „Haben oder Sein" einer Analyse unterzogen hat (siehe Kapitel 11).

Vor kurzem habe ich eine hübsche Geschichte gelesen, die genau diese Problematik zwischen dem Erreichen eines äußeren Ziels und der inneren Erkenntnis, eines inneren Zieles, vergegenwärtigt:

Eines Tages erhielt ein weiser Mann, der als Einsiedler in einer bescheidenen Klause lebte, Besuch von einem Wanderer. Als dieser die Klause erreichte, war der Einsiedler gerade damit beschäftigt, seine Stube zu fegen. Er lud den Mann ein, sich an den Tisch zu setzen und sich vom klaren Quellwasser zu nehmen, das dort in einem Krug stand. Der Mann dankte, nahm Wasser aus dem Krug und schaute um sich, während der Weise mit Fegen fortfuhr.

Da entdeckte der Mann in einer Ecke der Klause einen Diamanten, der so groß wie die Faust eines Mannes war. Verwirrt blickte der Mann zu dem Diamanten, dann zum Weisen und wieder zum Diamanten. „Mit dem Erlös aus dem Verkauf dieses einzigartigen Diamanten könnte ich meine Schuld bezahlen und meine Familie und mich für immer aus aller Not befreien", dachte der Wanderer. Der Weise bemerkte die Verwirrung und ahnte die Not seines Gastes. Da sagte er, ohne dabei seine Arbeit zu unterbrechen, der Mann solle den Diamanten getrost mitnehmen; er brauche ihn wohl dringender als er selbst.

Der Mann zögerte nicht lange, griff nach dem Edelstein und steckte ihn schnell in seinen Beutel. Dann wechselte er noch ein paar freundliche Worte mit dem Weisen und verabschiedete sich.

Nach einiger Zeit kam der Wanderer zurück. Er sah bleich aus und war abgemagert, sein Blick *war leer und suchend. Der Weise begrüßte den Mann und fragte ihn, warum es ihm denn nicht besser ginge nach dem Verkauf des Diamanten? Mit dem Geld müsse er doch aller Sorgen ledig geworden sein. Daraufhin setzte sich der Mann erschöpft an den Tisch, sah mit Verzweiflung in den Augen den Weisen an und sagte: „Ich habe den Stein nicht verkaufen können. Es ging einfach nicht. Hier, nimm ihn zurück", und er legte den Edelstein wieder in die Ecke, von wo er ihn genommen hatte. „Bitte, heiliger Mann", sagte er dann leise, „lass mich teilhaben an dem Reichtum, der es dir ermöglicht, einen solchen Stein leichten Herzens zu verschenken."*

Dieser Einsiedler hat sich von der Form, in diesem Fall vom Diamanten, gelöst. Er definiert seinen eigenen Wert nicht mehr am Wert des Diamanten und besitzt mit ihm keine Identifikation mehr. Er hat sein Bewusstsein aus seiner Gefangenschaft von der Form befreit. Diese Freiheit schafft einen inneren Raum, der sich als Stille bzw. als innerer Friede und Wohlgefühl tief im Inneren manifestiert. Er hat die Glücklichkeit und Süße des Seins entdeckt. Er befindet sich im Hier und Jetzt. Damit ist für ihn der Diamant nicht von Wert. Er gibt ihm keine Bedeutung oder Wichtigkeit. Er hat einen viel höheren Wert, nämlich seinen inneren Raum und damit eine neue Dimension in sich entdeckt! „Siehe, das Reich Gottes ist mitten unter Euch", würde jetzt ein Priester mit einem Zitat von Jesus diesen Zustand kommentieren.

Der Wanderer hat sich jedoch an diesen Diamanten geklammert, die Hoffnung auf besseres Leben daran geknüpft. Er hat sich mit der Form des Diamanten identifiziert und ihm eine Bedeutung gegeben. Er kann sich nicht mehr an seiner Schönheit erfreuen, sondern ist süchtig nach ihm. Er hat sich ihm ausgeliefert und ist damit aus dem Hier und Jetzt gefallen. Sehr spät erkennt er jedoch, dass ihm dieser Diamant kein Glück gebracht hat. Mit der Bitte „Lass mich teilhaben an dem Reichtum, der es dir ermöglicht, einen solchen Stein leichten Herzens zu verschenken" ist ihm eine innere Dimension bewusst geworden, die viel wichtiger und tiefer ist als alles Materielle auf der Welt. Angesichts dieser Erkenntnis macht auch die Aussage, die Jesus seinen Jüngern vermittelt haben soll, Sinn: „Was nützt es einem Menschen, wenn er die ganze Welt gewinnt, dabei aber sein Leben einbüßt?" (Mt 16.26).

Einen interessanten Ansatz zum besseren Verständnis dieser Dinge liefert uns Eckhart Tolle mit seinen Begriffen Objektbewusstsein und Raumbewusstsein. Er führt aus, dass die meisten Menschen vollgestopft sind mit materiellen Dingen, Dingen zum Tun und Dingen zum Nachdenken. Das nennt er die Dimension des Objektbewusstseins. Dieses hat jedoch unsere Welt aus dem Gleichgewicht gebracht. Deswegen ist es notwendig, dass die Menschen wieder ein Raumbewusstsein entwickeln. Dieser Bewusstseinsraum ist zeitlos und in jedem Menschen vorhanden.

Dieses Bewusstsein verkörpere neben der Freiheit vom Ego auch die Unabhängigkeit von den Dingen dieser Welt. Sie ist eine spirituelle Dimension, die der Welt Transzendenz und Sinn verleiht.

Ein Mensch mit Raumbewusstsein erkennt die Essenz in allen anderen Dingen und Menschen, ja in allen Lebensformen. Er lebt selbstlos und fühlt ein Einssein mit dem Ganzen. Diese Verbundenheit mit Allem lässt keinen Raum für ein Haben und eine Gier, etwas besitzen zu wollen. Er spürt und weiß, dass genug für ihn und für alle da ist. Er lebt in der Fülle des Seins. Damit verkörpert er das erwachte Bewusstsein. Er ist einer der Sanftmütigen, die „das Erdreich besitzen werden".

Wenn alle Menschen in diesem Sinn erwacht sind, haben wir einen „Neuen Himmel und eine Neue Erde". Dann erkennt jeder Mensch, dass der Andere neben ihm, sei es der Partner, die Schwiegermutter, der Arbeitskollege oder der vermeintliche Konkurrent im Geschäft, aus dem gleichen Stoff bestehen und alle aufs engste miteinander verbunden sind. Dann erkennen wir, dass, wenn ich den Partner betrüge, eigentlich mich selbst betrüge, ich der Schwiegermutter etwas Böses antue, es mir selbst antue und wenn ich den Geschäftspartner übervorteile, ich mich selbst übervorteile. Und dass niemand etwas jemand anderem wegnehmen kann, denn es ist genügend für alle da!!

Dann gibt es weder Betrug, noch Gewalt, noch Konkurrenz, dann herrscht Frieden, Glückseligkeit und Fülle auf dieser Welt. Dann leben wir im Goldenen Zeitalter - und das können wir nicht erst morgen, sondern jetzt und sofort!!

Kapitel 10
Fühlen ist Beten
„Die verlorenen Geheimnisse des Betens"
von Gregg Braden

Die Kirche betet komplett falsch! Das könnte eine der wichtigsten Schlussfolgerungen des Buches von *Gregg Braden „Die verlorenen Geheimnisse des Betens"* sein. Schon unsere Ahnen oder auch viele alten Völker waren sich noch darin bewusst, wie gebetet werden sollte, um den Kreislauf von Schmerz, Leid, Wut und Hass zu durchbrechen und Glück, Zufriedenheit, Frieden und Schönheit in das Leben zu ziehen. Sie waren sich einig darüber, dass die Umstände, die sie in der Außenwelt erleben wollten, zunächst sie selbst verkörpern müssen!

So zeigen die Erfahrungen und Überlieferungen der alten Navajos, einem alten indianischen Stamm aus Nordamerika, dass die Verantwortung für Glück und Leid allein in unseren Händen liegt! Sie kannten ein „Gebet der Schönheit", das uns erinnern soll an die Verbindung zwischen unserer inneren und äußeren Welt. Ein Fakt, der jetzt erst durch die moderne Quantenphysik bestätigt wurde. In diesem Gebet fanden die Navajos vor langer Zeit und finden heute noch Kraft und Trost und eine Möglichkeit, mit dem Leid der Welt umzugehen.

Gebet der Schönheit

*Ich werde für immer glücklich sein
Nichts kann mich daran hindern.
Ich gehe, und Schönheit ist vor mir.
Ich gehe, und Schönheit ist hinter mir.
Ich gehe, und Schönheit ist über mir.
Ich gehe, und Schönheit ist unter mir.
Schönheit umgibt mich, wohin immer ich gehe.
Schön sind auch meine Worte.
Ich stelle mir jetzt die Schönheit des Lebens vor.
Ich fühle sie in meinem Inneren, wenn ich das
Gebet spreche.
Je mehr Heil-Sein ich ausstrahle, desto stärker
wird meine Heilkraft.
Jetzt gehe ich durch das Leben in Schönheit.*

Die derzeitige Praxis in den Kirchen ist gerade das Gegenteil dessen, was uns mit diesem alten Wissen vermittelt werden soll und eine Bestätigung in den neuen Wissenschaften findet. Der Mensch ist hier ein kleines, machtloses Ich, das von dem Willen oder Nichtwillen eines Gottes abhängig ist. In jeder Messe, im Rosenkranzgebet oder in sonstigen „heiligen Handlungen" wird um den Segen und das Wohlwollen eines Gottes, von Heiligen, eines Schutzengels oder anderen als heilig geltenden Personen angefleht. Ein Gott soll alle Schmerzen von den Menschen und das Leid wegnehmen, die Hungernden satt machen und den Frieden in der Welt herbeiführen. „Herr, wir bitten dich …" sind Worte, die im krassen Gegensatz zu unserem heutigen Zeitgeist stehen. Damit wird die eigene Machtlosigkeit zur Schau gestellt und ein Ausgeliefertsein demonstriert. Dabei falten die Christen die Hände, fallen auf die Knie oder verbeugen sich vor etwas Höherem, als wäre dieser Gott ein Kaiser, König oder sonstiger egoistischer Despot, dem zu Kreuze gekrochen und gehuldigt werden muss. „Bittet, und euch wird gegeben" ist das Credo der Gläubigen, die stur und ohne nachzudenken Worte der Bibel wörtlich auslegen und sie zum Lebenssinn machen. Und je mehr sie zu bitten scheinen, umso schlimmer scheinen sich die Dinge zu entwickeln. Sonst müsste schon längst Frieden auf der Erde sein und komplett der Hunger von der Erde getilgt sein. Da das nicht der Fall ist, wird hier etwas grundsätzlich falsch gemacht.

Dabei wäre es ganz einfach, eine neue Gebetsform einzuführen, die auf den alten Traditionen und dem alten Wissen baut und die neusten Erkenntnisse unserer Wissenschaften mit einbezieht. Diese neue Art des Betens braucht keine Worte, keine spezielle Haltung der Hände oder des Körpers, sondern einzig und allein ein klares und kraftvolles Gefühl! Der Mensch wird aufgefordert, tiefe Dankbarkeit zu empfinden, als ob die Gebete schon erhört worden wären. Durch diese Qualität des Fühlens erhalten wir direkten Zugriff auf die Kraft der Schöpfung.

Wir leben in einer formbaren Essenz

In der Quantenphysik finden wir für dieses Vorgehen eine Bestätigung. Sie, die spirituelle Weisheit und wissenschaftliche Erkenntnis verknüpft, vermittelt uns die Vorstellung eines allgegenwärtigen, komplexen, intelligenten Feldes, das der selbe Autor als „göttliche Matrix" bezeichnet und in seinem Buch *„Im Einklang mit der göttlichen Matrix"* (siehe Kapitel 7) beschreibt. Wir leben demzufolge in einem Universum, in dem alles miteinander verbunden ist und das sich selbst beobachtet und auch selbst erbaut - einem Universum mit „Eigenbeteiligung". Wir als Menschen nehmen also mit unserem Bewusstsein Anteil an der Schöpfung des Universums, wir können es formen und werden damit selbst zum Schöpfer. Da wir alle miteinander verbunden sind und dieses Feld unsere Gedanken und Gefühle widerspiegelt, können wir es dazu bringen, uns nur das Gewünschte ins Leben zu ziehen. Die Sprache, mit der wir Menschen mit diesem Feld kommunizieren, sind die Gefühle. Das intensive und klare Gefühl, bereits etwas zu haben, veranlasst das Feld, es uns zu geben. Nach Gregg Braden müssen wir also diesem Spiegel zeigen, womit er arbeiten kann, um positive, lebensbejahende und dauerhafte Veränderungen zu reflektieren. Ein Gebet, das auf Fühlen beruht, verändert den Betenden, statt die Welt nach unseren Wünschen zu verbiegen. Diese Einsicht wollte uns schon Sören Kierkegard, ein dänischer Philosoph aus dem 19. Jahrhundert, mit dem Satz „Das Gebet verändert nicht Gott, sondern den, der betet" vermitteln. Es gilt also, keine zerstörerische, sondern nur aufbauende, heilende und zukunftsweisende Glaubenssätze in die Welt zu setzen.

Mehr gibt es da nicht zu wissen. Damit liegt die Verantwortung für Gesundheit und Glück nicht bei einem Gott oder einem persönlichen Heiligen, sondern allein in unseren Händen!! Wir erkennen, dass wir selbst Schöpfer unseres eigenen Lebens sind!

Ein schönes Beispiel für eine neue Lebenseinstellung zeigen uns die Fidschianer, Bewohner des Inselstaates Fidschi im Südpazifik. Sie sind stets fröhlich und begrüßen sich untereinander und auch jeden Fremden mit „Bula, Bula, Bula", was so viel heißt wie: „Sei willkommen, sei glücklich, wir lieben dich." Für sie liegt der Sinn des Lebens im „Glücklich sein, was sonst". Sie glauben, dass das Leben ein Fest ist, eine vergnügliche Reise, ein Geschenk Gottes. Und wenn es etwas gibt, was nicht so gut läuft, dann sagen sie sich, dass das vorüber geht, sich ändert und sie damit fertig werden. Und weil alles vorüber geht und sie das Vertrauen haben, damit fertig zu werden, machen sie sich auch keine Sorgen.

Kapitel 11
Ein Wandel im Herzen
Erich Fromms „Haben oder Sein"

„Geiz ist Geil" brandet den Menschen heute an allen möglichen Ecken entgegen. Es soll verlocken und verführen, um etwas zu besitzen und zu haben. Und das soll auch noch glücklich und zufrieden machen. Der Mensch wird wie ein ewiger Säugling behandelt, der ständig nach der Flasche zu schreien scheint.

Erich Fromm hätte heute bestimmt eine helle Freude daran, diese Werbesprüche auf die Couch zu legen und die innewohnende Botschaft zu entlarven. Haben, Besitzen, Ehrgeiz und Wollust ist nach Fromm eine Art Wahnsinn, die eigentlich den Krankheiten zugeordnet werden müssten. Er sieht in dieser einseitigen Orientierung die Ursache allen menschlichen Leidens. Die kritische Urteilskraft wird dabei zersetzt und zerstört und der Verstand eingelullt. Auch schon Buddha sah das Begehren als Ursache menschlichen Leidens an.

Der Mensch ist nach Fromm heute in der Existenzweise des Habens gefangen, wo die Gier nach Geld, Ruhm und Macht zum beherrschenden Thema des Lebens geworden ist. So dreht sich vieles in unserer heutigen Gesellschaft nur um das Thema Geld und Markt. Im ständigen Wachstum und immer höheren Konsum wird das Heil der Menschen gesehen, das ihr Wohl-Sein und ihr Glück begründet. Aus diesem „Haben" leiten heute viele Menschen ein Identitätsgefühl ab, das ihnen einzutrichtern versucht, dass sie nur das sind, was sie haben („Ich habe, also bin ich"). Das beinhaltet, dass Wünsche zum Verlangen führen, mehr zu haben als die anderen. Daraus entsteht eine psychische Gier, weil die Befriedigung der Bedürfnisse nicht die innere Leere und Einsamkeit des Menschen ausfüllen kann. Verstärkt wird diese Tendenz noch dadurch, dass das, was man hat, sich verringert und verbraucht und damit immer wieder aufgefüllt werden muss. Es werden damit ständig neue Stimuli gebraucht, Nervenkitzel, Höhepunkte, weil sie, wenn sie vergangen sind, ein Gefühl der Traurigkeit hinterlassen. Der Grund dafür liegt nach Fromm darin, weil durch diese Art von Beschäftigung die inneren Kräfte nicht zugenommen haben, das „innere Gefäß" nicht gewachsen ist.

Dieses Haben ist nach Fromm auch im christlichen Glauben präsent. Der Gott der Christen wird in der Existenzweise des Habens zu einem Idol, ähnlich dem Markt, dem gehuldigt und der angebetet werden muss. Dieser Gott lebt und liebt für sie und ist für das Wohlsein der Menschen verantwortlich. Der Mensch projiziert seine eigenen Kräfte auf diesen Gott und - schwächt sich damit selbst. Er unterwirft sich quasi seiner eigenen Schöpfung und erfährt sich damit in einer entfremdeten Form. Damit wird der Glaube zu einer Krücke für jene, die in Gott die Erfüllung oder Antworten auf das Leben sehen, statt in Eigenverantwortung danach zu suchen. Der Glaube wird somit als Ersatz für das eigene Leben.

Auch der Papstbesuch in Deutschland im September 2011 hat das gezeigt. Josef Ratzinger wird als Papst und gleichzeitig als „Stellvertreter Christi" zu einem Symbol verehrt und ihm wird gehuldigt. Viele Menschen, selbst der Bundestag, liegen ihm zu Füßen. In Gottesdiensten wird er angehimmelt wie ein Außerirdischer, der eine neue Technologie auf die Erde bringt, die die Menschen erretten und sie mit einem Schlag ins irdische Paradies befördern könnte. Damit unterwerfen sich Menschen bewusst oder unbewusst einer Autorität, die ihnen einen bestimmten Glauben oder Überzeugungen vorschreibt. Sie projizieren ihre Gefühle, Gedanken und Hoffnungen auf diesen „Gott" und tragen damit ihre eigene Urteilsfähigkeit und Selbstbestimmtheit zu Grabe. Kaum jemand kommt dabei auf den Gedanken, dass dieser Papst mit seinem Auftreten und seiner Ideologie den Menschen ein veraltetes Betriebssystem vermittelt, das nicht nur im krassen Gegensatz zum heutigen Zeitgeist, sondern auch zu den modernen, neuen

Erkenntnissen der Wissenschaften, insbesondere der Quantenphysik steht. So will sein Auftreten in Frauenkleidern die Tatsache kaschieren, dass er eigentlich die Frauenrechte grundlegend mit Füßen tritt, indem er verhindert, dass Frauen einen Priesterberuf ergreifen können. Das Pompöse an allem Gehabe will die Tatsache verschleiern, dass die christliche Religion oft ein Deckmantel für die eigene Habsucht und Gier war, vor allem der der Päpste - wie es in der Kirchengeschichte für jedermann nachgelesen werden kann (*„Kriminalgeschichte des Christentums" von Karl-Heinz Deschner*). Mit dem Missbrauch schutzbedürftiger Menschen gerät das Thema wieder aktuell in die Schlagzeilen.

Der gegenwärtige kapitalistische Marktmechanismus oder die Kirche - sie alle verleugnen gleichermaßen die wesenseigenen Kräfte, die in jedem Menschen innewohnen. Es sind schöpferische Kräfte, die dazu angelegt sind, das wahre Wesen des Menschen ans Licht zu bringen, nämlich seine ureigenen Fähigkeiten, Talente und Gaben. Erst damit findet der Mensch wieder zu sich selbst, statt sich im Äußeren zu verlieren und seine Kraft in Haben und Besitzen zu vergeuden und sich daran zu binden. Und: indem er sich selbst entwickelt, statt das Entwickeln anderen zu überlassen, wachsen diese wesenseigenen Kräfte und erblühen. Das Haben verwandelt sich dann in Sein, wo man nicht mehr abhängig ist oder ein Idol verehren muss, weil man etwas

Eigenes, Selbständiges entwickelt hat. Und da man dies nicht mehr verlieren kann, kann man es weggeben. Denn was man gibt, verliert man nicht, sondern im Gegenteil, man verliert, was man festhält.

Dieser Wandel vom Haben zum Sein ist das zentrale Thema bei Erich Fromm in „Haben oder Sein". Während die Existenzweise des Habens im Besitzen, im Festhalten, in der Macht und in der Geldanhäufung liegt, ist die Existenzweise des Seins das Lieben, das Teilen und das Geben. Fromm geht davon aus, dass das Zentrum im Menschen in ihm selbst ist - die Fähigkeit zu sein und seine ihm eigenen Kräfte auszudrücken. Diese Orientierung am Sein stellt ein starkes Potenzial der menschlichen Natur dar. Mit dem Freisetzen des inneren Reichtums werden sich die Menschen ihrer Eigenverantwortung bewusst und ihre eigenen Fähigkeiten und Talente können sich entfalten. Niemand kann ihnen mehr ihr Leben nehmen.

Sobald diese innere geistige Natur - die Kultur des inneren Menschen - erkannt ist, bleibt die Selbstsucht als bisher dominierende Kraft im Menschen auf der Strecke und die Trennung zwischen Verstand und Herz wird aufgehoben. Das Ergebnis ist innerer Friede und Freude, die Glut, die dem Sein innewohnt. Gleichzeitig werden die schöpferischen Kräfte des Lachens und der Freude aktiviert.

Die Existenzweise des Seins gibt es bei Fromm nur im Hier und Jetzt. Die Existenzweise des Habens gibt es innerhalb der Zeit, in Vergangenheit, Gegenwart und Zukunft. Damit ist der Mensch nicht mehr länger Tyrann der Zeit, die sein Leben zu beherrschen scheint. Bemerkenswerte Parallelen dazu finden sich auch bei Eckhart Tolle in seinen Büchern „Jetzt - Die Kraft der Gegenwart" und „Eine neue Erde" (siehe Kapitel 8 und 9).

Mit dem Sein geht eine Wandlung der Gesellschaft daher. Diese neue Gesellschaft fördert die Entstehung eines neues Menschen, dessen Charakterstruktur vom Sein und vom Leben im Hier und Jetzt geprägt ist. Der Mensch ist damit von jeder Egozentrik und Selbstsucht befreit. Er fühlt sich mit allen Wesen und Dingen eins, so wie es bereits die Erkenntnisse der Quantenphysik vermitteln. Seine Freude schöpft er aus dem Geben und Teilen, nicht aus dem Horten und der Ausbeutung anderer. Er empfindet Liebe und Ehrfurcht vor allem Leben und ist sich dessen bewusst, dass weder Dinge noch Macht heilig ist, sondern nur das Leben und sein qualitatives Wachstum. Er ist imstande, ein Leben ohne Verehrung von Idolen und ohne Illusionen zu führen. Er ist sich bewusst, dass die volle Entfaltung der eigenen Persönlichkeit und die des Mitmenschen das höchste Ziel des menschlichen Lebens ist.

Es wird sich eine völlig andere Einstellung zur Arbeit entwickeln, wo nicht mehr der materielle Gewinn den Ausschlag gibt, sondern andere psychische Befriedigungen als Motivation wirksam werden. Die neue Gesellschaft wird die Existenzgrundlage des Einzelnen sichern, ohne ihn von der Bürokratie abhängig zu machen. Dazu proklamiert Fromm bereits im frühen Stadium die Einführung eines bedingungslosen Grundeinkommens (siehe Kapitel 12).

Da er sich eins fühlt mit allem Lebendigen, gibt der Mensch daher das Ziel auf, die Natur zu erobern, zu unterwerfen, sie auszubeuten und zu zerstören. Er will jetzt mit ihr kooperieren und sie verstehen. Die Produktion dient jetzt den wahren Bedürfnissen des Menschen und nicht mehr nur den Erfordernissen der Wirtschaft, weil der Mensch erkannt hat, dass die Steigerung des Konsums nicht notwendigerweise zu einem erhöhten Wohl-Sein führt. Schon heute gibt es Tausende Initiativen und auch Firmen, die sich dieses neue Leitbild zu eigen gemacht haben. Nachhaltigkeit, Fair-Trade oder Corporate Social Responsibility sind ein Ausdruck des neuen Bewusstseins, das Schritt für Schritt auf unserem Planeten Fuß fasst.

Eine solche neue menschliche Gesellschaft ist frei von ökonomischen Zwängen, Krieg und Klassenkampf und lebt in Solidarität und Frieden miteinander. Der Wandel vom Verstand zum Herzen ist vollzogen.

Kapitel 12

Vom Haben zum Sein
Das bedingungslose Grundeinkommen

Ohne Bedingungen - ohne Pflicht - ohne Gegenleistung: Drei Rechte, die wir eigentlich nur Haustieren, Säuglingen und Kleinkindern zugestehen, aber meistens nicht den jugendlichen oder erwachsenen Mitmenschen. So zeigt die aktuelle HarzIV-Diskussion in Deutschland, dass demjenigen kein Recht auf ein anständiges Leben zugebilligt wird, der nicht arbeitet oder arbeitswillig ist. Einige Politiker treiben es dabei auf die Spitze, indem sie den biblischen Satz „Wer nicht arbeitet, soll auch nicht Essen" ins Feld führen.

Arbeit und Einkommen werden dabei so fest aneinander gekoppelt, wie der Esel an seinen Karren. Das führt dazu, dass wir heute in der Mehrzahl Einkommensarbeitsplätze haben, die den Menschen an ihre Arbeit ketten. Karl Marx sprach schon vor über 150 Jahren in diesem Zusammenhang von entfremdeter Arbeit. So hat er in „Das Kapital" Band III festgestellt, dass das Reich der Freiheit in der Tat erst da beginnt, wo das Arbeiten, das durch Not und äußere Zweckmäßigkeit bestimmt ist, aufhört. Es liegt also in der Natur der Sache „jenseits der Sphäre der eigentlichen Produktion". Die Erlösung liegt laut Marx in der menschlichen Kraftentwicklung, die sich als Selbstzweck versteht.

Genau das soll durch die Einführung eines bedingungslosen Grundeinkommens (BGE) gewährleistet werden: Die Freiheit und Unabhängigkeit des Menschen. Arbeit bedeutet dann nicht mehr Existenzsicherung, sondern die Freisetzung seines inneren Reichtums, indem der Mensch seine Fähigkeiten, Talente und Neigungen entwickeln und einsetzen kann. Damit ist die Entkopplung von Arbeit und Einkommen vollzogen. Und bedingungslos heißt, ohne Pflicht auf Gegenleistung, ohne Zwang zur Arbeit und ohne Bedürftigkeitsantrag.

Die Idee eines BGE ist seit einigen Jahren in vieler Munde. Es gibt bereits zahlreiche Initiativen, europaweit und auch weltweit, die sich eine Einführung auf ihre Fahnen geschrieben haben. Besonders aktive Gruppen gibt es in Deutschland, in der Schweiz und in Österreich. Viele versprechen sich durch die Einführung eines BGE einen charakterlichen und geistigen Wandel des Menschen und der gesamten Gesellschaft. Die Kultur des inneren Menschen soll damit wieder in den Mittelpunkt aller gesellschaftlichen und wirtschaftlichen Aktivitäten gestellt werden. Nicht umsonst nennt sich deshalb auch die in der Schweiz im Jahr 2010 gestartete Initiative „Kulturimpuls".

Mit dem BGE wird eine völlig andere Einstellung zur Arbeit geschaffen, die nicht mehr den materiellen Gewinn in den Mittelpunkt stellt, sondern die psychische und soziale Befriedigung des Menschen. Die Frage wird nicht mehr sein, wie viel verdiene ich oder wie viel Gewinn mache ich, sondern dient es meinem Wohl-Sein, meiner geistig-spirituellen Entwicklung und meinen Mitmenschen? Damit wird der Sinn der Arbeit wieder in das Zentrum gestellt.

Dieses Grundeinkommen ist keine neue Sozialleistung, sondern ist das menschliche Recht auf Leben und menschenwürdige Existenz. Es fördert die Entfaltung der eigenen Persönlichkeit und der des Mitmenschen und stellt sie zum Mittelpunkt oder Ziel des menschlichen Lebens dar. Die Einführung eines BGE ist mit einem Wandel vom Haben zum Sein verbunden (siehe Kapitel 11). Nicht mehr konsumieren, besitzen, materieller Wohlstand und Macht stehen dann im Mittelpunkt des menschlichen Wirkens, sondern teilen, Mitgefühl und Nächstenliebe. Damit findet eine Renaissance des kollektiven Lebens statt, das im Geiste der Solidarität und der Ehrfurcht vor dem Leben geprägt und organisiert ist. Damit verbunden ist ein Bewusstseinswandel der Menschheit, der nach Eckhart Tolle zu einer „neuen Erde" führen wird (siehe Kapitel 9).

Freiheit, Unabhängigkeit, Selbstverantwortung, Selbstverwirklichung, Integration und Integrität sind die neuen Keywords, die mit der Einführung eines BGE die Herzen der Menschen bewegen werden. Damit fallen Ängste, Sorgen, das Gefühl der Minderwertigkeit vom Menschen ab wie das Fallobst von den herbstlichen Bäumen. Mit hoher Geschwindigkeit werden damit zahlreiche psychosomatische Krankheiten, Süchte und Traumata und auch kriminelle Machenschaften von der gesellschaftlichen Bildfläche verschwinden.

Dreh- und Angelpunkt der Diskussionen um das BGE ist neben dem Argument, dass dann keiner mehr arbeiten geht, seine Finanzierung. Diese ist eigentlich ganz einfach lösbar, wenn man sich vor Augen hält, wie viel Kosten die weitverzweigte und tief gestaffelte Sozialbürokratie heute verursacht, man dazu die Kosten für die Behandlung psychisch kranker Menschen nimmt sowie die Kosten zurechnet, die für Bekämpfung der Kriminalität und Drogenabhängigkeit entstehen. Zusammen genommen sind diese Kosten weitaus höher als die, die für die Zahlung eines BGE an jeden Bürger aufgewendet werden müssen.

Dazu käme eine Finanzierungsquelle, die durch die Freisetzung der Mittel für Grundstücke, Gegenstände u.a. entsteht, die durch unmäßige Gier und Habsucht von Menschen und Organisationen angehäuft wurden. Dazu zählt auch der immense Reichtum der Kirche, den sie sich im Laufe von 2000 Jahren meist ungerecht angeeignet hat. Damit wäre die Finanzierung des BGE auch weltweit gesichert!

Kapitel 13

Thesen zu einer Neuen Spiritualität
„Gott heute" von Neale Donald Walsch

Der Gott der Kirche leidet eigentlich unter Schizophrenie. Einerseits wird er als gütiger, allliebender und allmächtiger Gott beschrieben, andererseits fordert er Gehorsam, die Einhaltung von Gesetzen, Buße, ja Unterwerfung. Und wer in eine Kirche geht, sieht Menschen, die sich vor ihm beugen, hinknien, ihn anbeten und ihn um Vergebung ihrer Sünden bitten. Er wird als ein Vater hingestellt, der zwar gütig und nachsichtig ist, aber sich gleichzeitig als ein rechthaberischer, egozentrischer ja rachesüchtiger Aufpasser gebärdet, der wachsam die Handlungen der Menschen begutachtet und Urteile fällt. Er ist mit einem Vater vergleichbar, der zwar seine Kinder auf den Spielplatz schickt, damit sie spielen und sich austoben können, aber eine Überwachungskamera aufgestellt hat, um all ihre Spiele, Bewegungen und Unterhaltungen aufzuzeichnen und zu protokollieren und ein Konto eröffnet, in dem Gut und Böse aufgerechnet werden, um ggf. Rechenschaft einzufordern und die Kinder zu belohnen oder zu bestrafen.

Mit diesem Gott rechnet *Neale Donald Walsch* in seinem Buch „*Gott heute*" ab. Er sei ein Gott von gestern, der kontrolliert, der rachesüchtig ist und besänftigt werden muss. Weltweit haben Religionen auf diesen Gott ein Patentrecht gegründet. Sie lehren, dass Gott Himmel und Erde geschaffen und dem Menschen den Atem des Lebens eingehaucht hat. Da sich die Menschen nicht an die Gesetze dieses Gottes gehalten haben, hat er sie aus dem Paradies vertrieben und sie mit einer Erbsünde belegt. Damit wurde die Spaltung zwischen Gott und dem Menschen besiegelt und der Mensch muss sich verbiegen, nun wieder in die Gunst und Gnade Gottes zu kommen. Es ist ein Gott, der belohnt und bestraft, der richtet, urteilt und verdammt - sprich ein Gott, den man fürchten muss!

Nach Walsch sind die größten Irrtümer in Bezug auf Gott, dass
- er etwas braucht,
- er darin versagen kann zu bekommen, was er braucht und
- er sich von den Menschen getrennt hat, weil sie ihm nicht gehorcht oder das gegeben haben, was er braucht.

Diese Irrtümer haben wiederum Irrtümer auf das Leben erzeugt, wie:
- dass die Menschen getrennt voneinander existieren,
- dass nicht genug für alle da ist, deswegen müssen sie auch miteinander konkurrieren und
- dass manche Menschen besser sind als andere Menschen.

Diese wesentlichen Irrtümer des Menschen in Bezug auf Gott und das Leben bilden nach Walsch eine tödliche Litanei der Fehleinschätzungen und Täuschungen, die eine Welt mit Hass, Gewalt, Leid und Terror geschaffen hat. Das heißt im Klartext, dass wir nicht von anderen Menschen terrorisiert werden, sondern von deren Glaubensvorstellungen und Überzeugungen, weil diese die fatalen Verhaltensweisen im Menschen erzeugen! Ganze Glaubenssysteme fußen auf dieser theologischen (Fehl-)Konstruktion von einem Gott, der etwas braucht und dessen Bedürfnisse erfüllt werden müssen. Und die gegenwärtige Vorstellung von den Menschen als hilflose, bedürftige Wesen, die von einem bedürftigen Gott abhängig sind, bestärkt und unterstützt diese Haltung. Damit sind Fehlfunktionen und Störungen vorprogrammiert!

Durch die von den Religionen und deren ausführenden Institutionen, insbesondere der katholischen Kirche, hineingetragene Persönlichkeitsspaltung ihres Gottes, verbiegen und unterwerfen sich die Menschen, statt mit Selbstverantwortung, Würde, Selbstachtung und Selbstbewusstheit durchs Leben zu gehen. Psychotherapeutisch gesehen erzeugt diese Haltung nicht nur Gewalt gegen sich selbst, sondern auch gegen andere. Das äußert sich - wie es die katholische Kirche in der Vergangenheit praktiziert hat und heute noch praktiziert - im Ausschluss von Andersdenkenden und Andersartigen, als auch in fundamentalistischen Glaubensvorstellungen, die auf eine Ausschließlichkeit bestehen und Glaubenssätze wie „Ich bin der Weg, die Wahrheit und das Leben. Niemand kommt zum Vater denn durch mich" (Johannes 14,6) zum ewigen und universellen Gesetz erhoben haben.

Der „Gott", den die Religionen proklamieren und das angeblich von ihm in die Welt gesetzte System von Vorschriften, Regelungen, Glaubenssätzen und Geboten widersprechen in offensichtlicher Weise der essenziellen Bedeutung des Wortes Liebe. Denn eine an Bedingungen geknüpfte Liebe ist ein Widerspruch in sich selbst. Damit kann die Vorstellung von einem Gott, dessen Liebe nur unter bestimmten Bedingungen zu erhalten ist und der angebetet werden möchte, dessen Gesetze eingehalten und der gewürdigt, verherrlicht und geheiligt werden muss, gar nicht funktionieren!

Dieser Gott und die von den Kirchen entwickelten Glaubenssätze stellen ein altes Betriebssystem dar, das dem Menschen heute nicht mehr dienlich ist. Nach Walsch fordert der „Gott von heute" nichts mehr, bestraft nicht mehr und fühlt sich auch nicht mehr von den Menschen getrennt. Damit wird eine **Neue Spiritualität** begründet, die einen Paradigmenwechsel in den Glaubensvorstellungen und Überzeugungen der Menschen herausfordert. Die Kirchen fordern den Menschen auf, Gott zu dienen, die neue

Spiritualität fordert die Menschen auf, dem Leben zu dienen. Dieser „neue" Gott erhebt auch keinen Anspruch auf eine singuläre Quelle, wie die Bibel oder den Koran und kennt weder Dogmen noch Doktrinen der Ausschließlichkeit. Denn die Neue Spiritualität ist kein geschlossenes, sondern ein offenes System, das sich auf die neuen Bedingungen einstellt und sich immer weiterentwickelt.

Die Neue Spiritualität gründet sich auf der Tatsache, dass das Universum ein lebendiges System ist und jedes seiner Aspekte und jedes seiner Elemente wechselseitig voneinander abhängig ist. Es ist eine riesige Matrix miteinander verbundener und verwobener Energiewellen, Schwingungen, die Materie und Form erschaffen. Gregg Braden hat dafür den Begriff „Göttliche Matrix" eingeführt (siehe Kapitel 7). Andere haben dafür andere Namen und Begriffe. Die moderne Quantenphysik hat in den letzten Jahren die schlüssigen Beweise geliefert und damit den Paradigmenwechsel geradezu herausgefordert.

Wenn wir diese neuen Erkenntnisse auf unser Leben anwenden und von einem Gott sprechen, dann wissen wir, dass er mit allem geeint und eins ist. Er ist das „Alles in Allem" und der Mensch ist Teil von dem „Allem in Allem". Damit ist Gott offensichtlich im Menschen und der Mensch ist in Gott und zwischen beiden kann es keine Trennung geben! Er hat den Atem des Lebens nicht in die Menschen eingehaucht, sondern lebt und atmet als die Menschen, damit diese sich als manifest gewordener Gott erleben und zum Ausdruck bringen können. Und damit die Menschen erfahren und wissen können, dass alles, was sie berühren, sehen und fühlen, ebenfalls Gott in manifester Form und Gestalt ist.

Dieser Gott stellt damit nicht mehr ein Superwesen dar, sondern ist ein Prozess namens Leben, so Walsch. Diese Einheit aller Dinge, einschließlich der Einheit von Gott und Mensch ist ein grundlegendes Prinzip der Neuen Spiritualität. Diese Erkenntnis hat fundamentale Auswirkungen auf unser Leben.

Damit erkennt der Mensch, dass er alles in sich hat, dass die Quelle des Lebens in ihm selbst liegt. Der Mensch begreift sich damit als Schöpfer seines eigenen Lebens! Und da der Schöpfer und das Geschaffene eins sind, erschaffen sie sich ständig gegenseitig. Das führt dazu, dass der Mensch erkennt, dass das Beste für den anderen auch das Beste für ihn ist, weil er weiß, dass er auch der andere ist, er Teil von ihm und mit ihm Eins ist.

Daraus entsteht eine neue Selbstlosigkeit und Solidarität. Sie tritt ein, wenn der Mensch sein Ich-Gefühl in Form des kleinen Selbst verloren hat und ein umfassenderes, weiteres und größeres Selbst entwickelt hat. Damit hat auch alles, was der Mensch denkt, sagt und tut Einfluss auf die Welt. Das erzeugt ein erweitertes Bewusstsein und ist gleichzeitig eine Einladung zu einer bewussten Schöpfung!

Diese neue Einstellung zum Leben hat revolutionäre Auswirkungen auf unsere Gesellschaft. Das bisherige, insbesondere wirtschaftliche System, das auf dem alten Paradigma der Spaltung und des Mangels - also auf dem alten Gott - basiert und das sich nur über Macht, Besitz und Abhängigkeiten definiert, wird sich zu einem System der Nutzung und Kooperation entwickeln. Im Bereich der Politik, Wissenschaft, Wirtschaft und des Handels werden neue Überlegungen und Konzepte entwickelt werden und ins Spiel kommen, die auf einer ganzheitlichen und spirituellen Herangehensweise beruhen. Das Ziel wird sein, eine neue Gesellschaft zu erschaffen, die für jedermann funktioniert! So wird jedem klar werden, dass die natürlichen Ressourcen allen Menschen gehören!

Das Gewissen wird in den Kommerz einfließen und die Menschen werden begreifen, dass das Teilen und Geben wichtiger ist und glücklicher macht als das Nehmen, Besitzen und Horten. Damit wird die Vision von Erich Fromm Wirklichkeit, der im „Haben oder Sein" von einem Aufbrechen der Haben-Struktur der Gesellschaft spricht und anstelle von Profit, Macht und Besitz das Sein und Teilen setzt (siehe Kapitel 11).

Damit wird seiner Meinung nach eine Ablösung des Marktcharakters des Menschen durch einen produktiven, liebesfähigen Charakter erreicht.

Dadurch wird eine neue Lebensart erweckt, die Seinsqualitäten ins Leben integriert und ständig vervollkommnet und weiterentwickelt, weil sie als die wahre Quelle für Glück, Wohlstand und Frieden erkannt wird. Diese neue Gesellschaft wird zur Entfaltung eines stärkeren Gefühls von Selbstvertrauen und Eigenständigkeit beitragen. Der Mensch beginnt zu begreifen, dass er, sobald er mehr, stärker und umfassender sich selbst wahr nimmt und sich seiner bewusst wird, er immer mehr zu seinem wahren Wesen bzw. inneren Kern vorstößt. Damit nimmt seine innere Kraft und Stärke zu, das wiederum seine eigene Schwingung erhöht (da wir alle hochkomplexe Schwingungsgebilde sind).

Der Mensch bekommt dadurch mehr Einfluss auf seine Umgebung und damit auf sein Leben. Er wird zum Schöpfer und Gestalter seines eigenen Lebens. Das korrespondiert mit einem Gesetz der Quantenphysik, das sagt, dass nichts was beobachtet wird, durch den Beobachter unbeeinflusst bleibt.

Durch die Erkenntnis des Einssein und der Verbundenheit mit allem gestaltet er sein Leben selbstlos, ohne etwas haben oder besitzen zu wollen. Er weiß, dass genügend für alle da ist,

weil er in der Fülle des Seins lebt. Damit verkörpert er das erwachte Bewusstsein. Eine Welt des
Friedens, der Harmonie und des Glücks ist dann
in greifbarer Nähe.

Ein paradiesisches Schlusswort

Revolutionsführer Gaddafi kommt nach seinem Tod vor die Himmelspforte und möchte mit seiner ganzen Ausrüstung, also auch mit Pistole und Gewehr, eingelassen werden. Petrus aber stoppt ihn und sagt, dass niemand, der Waffen trägt, in den Himmel hineingelassen wird. Gaddafi gelingt es jedoch, einen Blick durch das Himmelstor zu erhaschen und sieht einen bärtigen Mann auf dem Thron sitzen, der schwer bewaffnet ist. „Aber der liebe Gott ist auch bewaffnet,"versucht Gaddafi Petrus umzustimmen. Petrus aber antwortet: „Erstens ist das eine Ausnahme und zweitens ist das nicht Gott, sondern Karl Marx. Er wartet auf Erich Honecker".

Dieser schon recht alte Witz aus der ehemaligen DDR brachte damals den meist geheimen Wunsch der Menschen zum Ausdruck, diejenigen zu bestrafen, die die ursprüngliche Lehre über den Sozialismus verfälscht und daraus ein doktrinäres, totalitäres, oft auch menschenunwürdiges System aufgebaut haben. Die Geschichte ist bekannt: Die DDR ging nach der Maueröffnung am 9. November 1989 den Bach runter. Einem ähnlichen Schicksal steuert die heutige Kirche zu. Denn überraschenderweise gibt es zwischen beiden Systemen einige interessante Parallelen. So wie im DDR-Sozialismus sich die politische Praxis immer weiter von den Ursprungslehren von Marx, Engels oder Lenin entfernt hatte, hat die heutige Verkündigung in der Kirche kaum noch etwas mit der ursprünglichen Lehre von Jesus gemein (siehe auch Kapitel 5 über den „Jesuswahn"). Sie wurde über die Jahrhunderte korrigiert, verfälscht, gefärbt, lektoriert, zensiert und es wurde dazugedichtet. Statt Karl Marx sitzt dann irgendwann Jesus Christus auf dem Thron und wartet auf die Kirchenfürsten, allen voran die Päpste, um mit ihnen auf seine Art abzurechnen ...

Beide Systeme waren bzw. sind zudem geschlossene, sprich abgekapselte und isolierte Systeme, die strikt auf ihrer Ideologie beharrten bzw. beharren, als wären sie in Stein gemeißelt, statt sie kontinuierlich auf ihren Aktualitätsgehalt zu überprüfen und neue Erkenntnisse zu integrieren, mit dem Ziel, das System auf die veränderten Rahmenbedingungen anzupassen und es weiterzuentwickeln.

In der DDR missachteten die politischen Führer den Willen des Volkes nach Gewissens-, Meinungs- und Reisefreiheit sowie nach mehr materiellem Wohlstand, während die Kirche, insbesondere die katholische Kirche, sich gegen die Einflussnahme und Kritik aus der Kirchenbasis wehrt und sich neuem, meist spirituellem und gnostischem Gedankengut verschließt. Dazu kommt, dass sie vollständig die neuesten Erkenntnisse der modernen Wissenschaften negiert.

In beiden Systemen regierte bzw. regiert zudem der Mangel. Während in der DDR viele Waren, besonders die mit einem hohen Gebrauchs- oder Geschmackswert, Mangelware waren, so genannte „Bückware" - außer man hatte Westgeld und konnte im Intershop einkaufen -, ist der durch die Kirche „verordnete" Mangel die Gottesliebe, die nur den Menschen zu Teil wird, die sich ihm beugen und nach seinen Gesetzen leben. Um von dieser Realität abzulenken, wurden und werden Fassaden und Scheinwelten aufgebaut, potjemkische Dörfer, die den Menschen eine heile Welt innen und außen vorgaukeln. Jüngstes Beispiel ist die Rede des Papstes vor dem Deutschen Bundestag am 22. September 2011.

Das Charakteristikum beider Systeme sind Machtmissbrauch und Fremdbestimmung des Menschen. Während in der DDR in der Regel nur Ideologiegetreue die Chance auf höhere Posten bekamen, hat die katholische Kirche zum Beispiel die Frauen von kirchlichen Priester- und Leitungsposten generell ausgeschlossen.

In beiden Systemen lebten und leben zudem ihre Führer und „Obersten" in Glanz und Gloria, beanspruchten ihre eigenen Rechte und kleideten sich auch anders, während sie ihren Untergebenen Maß, Treue, Glauben und Demut predigten und noch predigen.

Das Imperium im Sozialismus war aus Systemgetreuen aufgebaut, während die katholische Kirche ein kirchliches, patriarchalisches Herrschersystem implementiert hat, das nur von „heiligen" Männern beherrscht wird. Beide Systeme achteten und achten zudem darauf, dass ihre Untergebenen in Wort und Tat genau die Botschaften und „Glaubensinhalte" ihrer Ideologie strikt umsetzen, statt sie anzuregen, darüber nachzudenken, ja sie sogar in Frage zu stellen. Wer in der DDR versuchte, das System zu kritisieren, dem drohte das Stasi-Gefängnis, wer das „lebendige Wort Gottes" und die heiligen Botschaften von Jesus Christus auf den Prüfstand stellt, dem wird Gotteslästerung unterstellt und wird mit der Exkommunikation bestraft.

Beiden Systemen ist außerdem gemeinsam, dass sich kaum ein Mensch bewusst für dieses System entschieden hat! In die DDR wurde man reingeboren und nur durch lebensgefährliche Flucht oder Ausreiseantrag war diesem Staat zu entkommen. In der Kirche wird das Kleinkind unter dem Deckmantel der Erbsünde - einem angeborenen „Geburtsfehler" des Menschen - getauft und für katholisch oder evangelisch erklärt - obwohl es dabei nur schreien kann -, statt es erwachsen werden zu lassen und ihm eine bewusste, selbstverantwortliche Entscheidung zuzubilligen. In beiden Systemen wurden bzw. werden die Menschen damit zum Sklaven eines Systems, aus dem ein Ausbrechen oft nur mit persönlichen Schmerzen und staatlichen bzw. kirchlichen Konsequenzen möglich war und ist.

In diesem Klima der Fremdbestimmung, wo Selbstbestimmung, Selbstentfaltung, Eigenverantwortung und Selbstachtung Fremdwörter sind, wurde und wird aus psychoanalytischer Sicht eine starke Kontroll- und Überwachungsinstanz im Menschen implementiert, die der Begründer der Psychoanalyse, Sigmund Freud, das Über-Ich nennt. Es ist die seelische Instanz, die gesellschaftlich vermittelte Normen und Konventionen im Unterbewusstsein des Menschen speichert. Diese kann so mächtig werden, dass der Mensch von selbst so funktioniert wie es gewünscht wird. Er wird dann zu einem „nützlichen Glied" der Gesellschaft, im Falle der Kirche „ein tiefgläubiger Christ", der das eigentliche Ich, den wahren Kern des Menschen - das Selbst - und damit seine Ursprünglichkeit negiert.

Dieses vom Über-Ich unterdrückte Selbst besitzt kein fundiertes Selbstbewusstsein, sondern nur Ordnungs- und Anpassungsbewusstsein. Der Mensch ist gespalten, einerseits im Gehorsam nach außen, so in der Einhaltung der Rituale der Kirche - im Wahren des anerzogenen Scheins - , andererseits besteht eine Sehn-Sucht nach Ungehorsam, ein Leben so ganz nach dem eigenen Geschmack.

Auf der Strecke bleiben dabei die Selbstentfaltung und der Selbstausdruck des Menschen. Im Falle der Kirche sollen die Menschen gottgefällig leben, das heißt Gott alles recht machen, und dabei vergessen, es sich selbst recht zu machen. Die Kirche verkündet einen Gott, der fordert, der bestraft, der etwas nötig hat, der etwas braucht, und wenn man ihm nicht das gibt, was er fordert, die Menschen bestraft, im schlimmsten Fall sie für immer in der Hölle schmoren lässt. Deshalb fordert sie die Menschen auf, Gott anzubeten, ihn zu loben und zu preisen, sich hinzuknien und ihn um Vergebung ihrer Sünden zu bitten.

Diese Praxis kommt jedoch einer Selbstaufgabe gleich und das Selbstwertgefühl des Menschen wird torpediert. Das Ich wird demontiert, es wird als minderwertig, als sündig und demütigend hingestellt. Selbstzweifel sowie Minderwertigkeitsgefühle werden gesät und Ängste, dass Menschen nicht würdig sind, geschürt. Schon mit der Kirchen-Muttermilch bekommt der Mensch ein Opfer- und Mangelbewusstsein eingetröpfelt, das ihn sein Leben lang begleitet und aus dem er sein Handeln und Tun definiert.

Diese pervertierte Situation treibt Menschen ins seelische Elend und auch in eine Neurose. Ganz besonders zu Tage kommt das bei der Sexualität. Kirchliche Moral und Konventionen verhindern die freie Ausübung der Sexualität - und dabei Genuss und Freude zu empfinden. Sie tragen dazu bei, dass eine Verdrängung stattfindet, die dann wieder in pervertierter Form an die Oberfläche dringt. Der Missbrauch von Kindern und Jugendlichen durch „Schutzbefohlene" ist damit vorprogrammiert.

Die Ignoranz und Augenwischerei der Oberen im Falle der bevorstehenden Zerstörung eines geschlossenen Systems ist augenscheinlich und systemimmanent. Erich Honecker als „oberster Feldherr" der DDR redete zur Feier am 40. Jahrestag das sozialistische System noch schön und äußerte den historischen Satz, dass „der Sozialismus in seinem Lauf weder Ochs noch Esel aufhält". Auch Papst Benedikt XVI. umging in seiner Rede vor dem Deutschen Bundestag geschickt die brennenden und aufgestauten Probleme, die sich der heutigen Kirche stellen, und präsentierte stattdessen ein philosophisches Referat. Herr Honecker wurde 9 Tage später entmachtet und zum Rücktritt gezwungen …

Ausgehend von den historischen Erfahrungen wäre der Kirche zu raten, wenn sie nicht durch einen Mauerfall hinweggefegt werden will, eine grundlegende und ernst zu meinende Erneuerung einzuleiten. Das wird zwar in Kirchenkreisen immer wieder angesprochen, jedoch nie wirklich in Erwägung gezogen bzw. mit praktischen Schritten angegangen. Die „NICHT gehaltene Rede des Papstes vor dem Deutschen Bundestag" will ein Anstoß sein, einen friedvollen Weg einzuschlagen, wo ihre Führer Haltung bewahren und in die Geschichte als mutige Krieger eingehen könnten, indem sie sich den neuen Herausforderungen stellen und ein „Reset", einen Neuanfang wagen. Ansonsten wird der Druck im Kessel, der sich wie bei einem Dampftopf auf Grund seiner Geschlossenheit, also seines geschlossenen Systems, aufbaut, immer größer und kann zu einer Explosion führen, wenn keine Austauschprozesse mit der Umwelt, sprich mit den Menschen stattfinden.

Der erste und allerwichtigste Schritt dabei wäre, dass sich die Kirche vom Konzept des sündigen Menschen verabschiedet. Das hat auch etwas mit Menschenwürde und Selbstachtung zu tun. Das Gebilde eines strafenden Gottes, der die Menschen aus dem Paradies vertrieben hat, weil sie gegen seine Gesetze verstießen, passt einfach nicht mehr in das moderne Kosmologieverständnis. Der angebliche „Sündenfall" war demnach keine Strafe, sondern die größte und anspruchsvollste Chance, dass der Mensch sich seiner bewusst wird und das Zepter der Selbstbestimmung und Eigenverantwortung übernimmt.

Ohne das „Hinabstoßen" in die Polarität hätte die Menschheit nie und nimmer spannende und überwältigende Phasen der menschlichen Entwicklung erlebt. Die Bücher hätten leere Blätter, im Kino gäbe es eine weiße Leinwand und die

Schüler und Studenten an den Schulen würden sich im Fach Geschichte, Philosophie und Psychologie langweilen!

Der zweite Schritt wäre, hartnäckige Illusionen aufzugeben. Eine davon ist, dass die Kirche Gott gepachtet und einen Alleinvertretungsanspruch besitzt. Eine andere Illusion besteht darin, dass jemand, der glaubt, er hätte ein gutes Verhältnis zu seinem Schöpfer, Gott dafür dankbar ist und sein Leben besonders schützen möchte. Überall laufen deshalb Menschen in die Gotteshäuser, in der Meinung, sie stünden unter einem besonderen, gnädigen Schutz Gottes bzw. hätten ein Exklusivrecht darauf. Die Menschen klammern sich dabei an etwas oder suchen sich dort ihren Halt. Da dies ein äußerer Halt ist, ist er nie von Dauer und kann auch nicht glücklich machen, weil er immer von Brüchigkeit und Vergänglichkeit gekennzeichnet ist („die Gebete werden nicht erhört").

Durch diese Haltung nähren die Menschen ihren sowie den kollektiven kirchlichen Schmerzkörper (siehe Kapitel 8) und tragen dazu bei, dass der Mensch weiterhin in Abhängigkeit, Unterwürfigkeit und Selbstaufgabe, ja in einer Form von Unbewusstheit gefangen ist.

Würden die Menschen diesem Schmerzkörper durch Übernahme der Eigenverantwortung keine Nahrung mehr geben, müsste er schließlich verhungern und dem Menschen würde sein verlorenes und abgegebenes Selbst wieder zurückgegeben. Erst dann findet der Mensch wieder zu seiner Selbstliebe. Er braucht dann keinen äußeren Halt mehr, weil er sich auf sich selbst besinnt. Er beginnt dann mit dem Leben zu fließen statt es zu torpedieren. Dieser Mensch hat seinen Halt im eigenen Verhalten gefunden, das unzerstörbar ist. Er hat seine wahre Erfüllung und Kraft gefunden, alles andere ist nur eine Krücke oder ein vermeidlicher Umweg. Das ist reine Physik.

Die Kirchen müssen sich mit ihrem Neuanfang beeilen, denn immer mehr Menschen werden sich bewusst, dass der alte Systemgott ausgedient hat und die Kirche ein altes Betriebssystem predigt, das dem modernen Zeitgeist nicht mehr gewachsen und den neuesten Erkenntnissen in Wissenschaft und Gesellschaft nicht mehr Stand hält. Statt ausgetretene Wege zu gehen und Wein in alten Schläuchen zu trinken, entschließen sie sich, den Weg der Selbstbestimmung, Selbstfindung und Selbstverantwortung zu beschreiten.

Für ihre Neuorientierung können sie sich dabei alte, oft vergessene Weisheiten unserer Vorfahren als auch auf Werke moderner Autoren stützen. Jeder hat für sich eine neue „Bibel" aus der Taufe gehoben, die ein modernes Verständnis des heutigen Lebens widerspiegelt.

Beispielgebend habe ich in diesem Buch Autoren wie Eckhart Tolle, Neal Donald Walsch, Gregg Braden und auch Erich Fromm rezensiert. Sie verkünden ein neues Bewusstsein, in dem sich der Mensch seiner gewaltigen, innewohnenden Schöpferkraft bewusst wird, die ihn befähigt, sein Leben selbst in die Hand zu nehmen, statt auf das Wohlwollen und die Gnade eines Gottes zu hoffen.

Damit wird eine neue Spiritualität geboren, die sich auf Selbst- und Eigenverantwortung gründet und das Selbst in den Mittelpunkt stellt, das seine Fesseln abgeworfen hat und im Verbund und in Harmonie mit allen anderen eine friedvolle und harmonische Zukunft erschafft. Es braucht dafür keine Montagsdemonstrationen und keinen Mauerfall, keine Kurse, Seminare oder gar eine neue Ideologie, sondern nur das bewusste Erwachen vieler Menschen. Dazu ist jeder Mensch zu jeder Zeit und an jedem Ort fähig!

Ein wichtiger Zugang dazu ist das „Jetzt". Es ist die Kraft der Gegenwart, in die der Mensch eintaucht, wenn er sich von Gedanken in Vergangenheit und Zukunft befreit. Er ist dann in eine neue Dimension des Bewusstseins eingetreten, das nur Fülle, Liebe und Harmonie kennt. Dieser Quantensprung im Bewusstsein bringt den Menschen zu sich selbst, zu seinem „wahren Selbst", damit zu seinem eigentlichen „Sein". Damit ist jeder Mensch in der Lage, sein eigenes Paradies zu erschaffen. Gleichzeitig hilft er mit, dass auch andere Menschen diesen Weg gehen und daran teil haben. Dann wird das Wandel-Jahr 2012 zu einem Jahr der Wiedervereinigung, einer Vereinigung der Polaritäten, die seit Anbeginn der Menschheit unser Leben auf diesem Planeten prägten. Dann hat sich die Menschheit in die Selbstliebe emporgeschwungen und geht einem Goldenen Zeitalter entgegen!

Dann braucht der Mensch keine Religionen mehr, weil er einen inneren Paradigmenwechsel vollzogen und die Ketten des Opfer- und Mangelbewusstseins, die ihm Religion und auch Gesellschaft auferlegt hatten, abgestreift hat.

Dann wird die Vision von Ex-Beatle John Lennon wahr, der schon vor über 40 Jahren in seinem Song „Imagine" prophezeit hatte: „Imagine there ... no religion too." Die Kirchen und Kathedralen werden dann zu echten Freudenhäusern umgestaltet, wo getanzt, geliebt, gefeiert, diskutiert und kommuniziert wird. In ihnen wird sich dann eine lebendige und vielfältige Kultur, Gastronomie, Wissenschaft und Gesellschaft entfalten, die alle Menschen einlädt und an der alle Menschen teilhaben können.

Autor-Epilog

40 Jahre Sozialismus, 30 Jahre Katholizismus, 20 Jahre Kapitalismus, - so könnte ich in drei Phasen oder Kategorien meine Lebenserfahrungen und - erinnerungen und die damit verbundenen Lebensprozesse einteilen und beschreiben. Konkret heißt das, dass ich in der DDR geboren wurde (1952) und auch dort aufgewachsen bin. Von Anbeginn wurde ich katholisch erzogen, bis ich Mitte der 80er Jahre der Kirche offiziell den Rücken gekehrt habe. Seit dem Mauerfall im Jahre 1989, der tiefgreifende Emotionen in meine Seele eingegraben hat, mache ich nun Erfahrungen mit dem gegenwärtigen Kapitalismus.

Drei Systeme, dazu noch so total andersartige, mit Gemeinsamkeiten und Trennlinien, das fordert heraus und zwingt zum Nachdenken und Forschen. So gingen Fremdbestimmung und Mangelwirtschaft in der DDR Hand in Hand mit dem Schuld-Sühne-Komplex und dem Opfersein im Katholizismus. Im Kapitalismus ist es das Geld, das zum Gott erhoben wird und Ketten anlegt. All das fordert heraus und sprengt oft Grenzen des eigenen Bewusstseins. Hilfreich war mir dabei die Physik, die ich Anfang der 70er Jahre studieren durfte. Sie hat mich ein Leben lang begleitet und mir zu tieferen Einsichten in die Wirklichkeit verholfen. Schließlich öffnete sie mir den Zugang zur Metaphysik, die sich heute in Form der Quantenphysik wissenschaftlich begründet zeigt. Die Beschäftigung damit hat mich zu spirituellen Einsichten geführt und mir aufgezeigt, dass alles miteinander verbunden und verwoben ist und dass wir mit allen Menschen und Wesen und damit mit dem Universum Eins sind. Somit sind Quantenphysik und unser Bewusstsein nicht zu trennen. Das brachte eine neue Dimension in mein Leben und eröffnete mir ungeahnte Möglichkeiten der Selbstentfaltung und Selbstbestimmung.

Besonders stark ins Gewicht fällt bei meinen unterschiedlichen Lebensprozessen die Kirche. Obwohl ich sie mit der Muttermilch aufgesogen habe und ich anfangs als Ministrant Begeisterung zeigte, hat sich ein Teil von mir immer mehr von diesem Glaubenssystem verabschiedet. Großen Anteil daran hatte meine Mutter, die mit ihren fundamentalistischen Einstellungen („Nur die Katholiken kommen in den Himmel" - „Du darfst nur eine Katholikin heiraten") meine Seele immer tiefer in Widersprüche verstrickte. Besonders stark war dabei der „sexuelle Druck", das heißt, dass dieser natürliche Ausdruck des Menschen in der Kirche und damit auch in unserer Familie verdrängt, unterdrückt, ja bekämpft wurde.

Auch die Unterwürfigkeit, in diesem Fall unter einem Gott, machte mir Probleme. Ich konnte nicht verstehen, warum man Sünden beichten und sich vor einem Gott hinknien musste, der die Menschen zwar bedingungslos liebt und ihnen einen freien Willen zugesteht, auf der anderen Seite sie aber bestraft, wenn sie nicht seine Gesetze befolgen und seine Ansprüche erfüllen. Insgesamt kam ich zum Schluss, dass diese Religion dem menschlichen Glück und der Freude nicht sonderlich dienlich ist.

Dieser für mich schizophrene Glaube und die daraus entstandenen Beeinträchtigungen hatten negative Gedanken- und Gefühlsempfindungen wie Ohnmacht, Minderwertigkeit, Scham, Reue und Selbstzweifel zur Folge, die immer wieder genährt wurden und sich schließlich in einem sogenannten Schmerzkörper manifestierten. Durch diesen geriet ich oft in Konflikte und Situationen, die mich zwangen, diese „Altlasten" anzuschauen, aufzuarbeiten und damit quasi zu „erlösen". Die Folge war, dass ich verstärkt das kirchliche Glaubenssystem hinterfragte und es mit meinen Lebenserfahrungen und den heutigen Erkenntnissen in der Wissenschaft abglich.

„Die NICHT gehaltene Rede des Papstes" spiegelt die Auseinandersetzung und Aufarbeitung meiner Glaubens-Schlacken, Gedanken-Schleier und meines emotionalen Ballastes wider, die mich zu tiefen Einsichten, zu spirituellem Wachstum und Reife und damit zu einem erweiterten Verständnis des Lebens geführt haben. Damit konnte ich mir Schritt für Schritt ein neues Betriebssystem erarbeiten, das nicht von einem

Mangel- und Selbstzweifel-Bewusstsein, sondern
von einem Bewusstsein der Freiheit, Fülle, Unabhängigkeit und Selbstverantwortung geprägt ist.
Das hat mir geholfen, im Hier und Jetzt und auch
bei mir Selbst anzukommen. Dieses ist die beste
Voraussetzung für physische, mentale und emo-
tionale Gesundheit und für Wandlungskraft und
Reichtum.

Aus diesem Grund bin ich der Kirche, insbesondere meiner Mutter, sehr dankbar, diese Erfahrungen gemacht zu haben!

Johannes Rösler
im Januar 2012

Verwendete bzw. rezensierte Literatur

Gregg Braden
„Im Einklang mit der göttlichen Matrix -
Wie wir mit Allem verbunden sind"
Koha 2007

Gregg Braden
„Die verlorenen Geheimnisse des Betens -
Die verborgene Kraft von Schönheit, Segen,
Weisheit und Schmerz"
EchnAton 2010

Donna W. Cross
„Die Päpstin"
Verlag Aufbau 2009

Erich Fromm
„Haben oder Sein - Die seelischen Grundlagen
einer neuen Gesellschaft "
dtv 1979

Hans-Werner Kubitza
„Der Jesuswahn - Wie die Christen sich ihren
Gott erschufen"
Tectum 2011

Eckhart Tolle
„Jetzt - die Kraft der Gegenwart"
Kamphausen 2004

Eckhart Tolle
„Eine neue Erde - Bewusstseinssprung anstelle von Selbstzerstörung"
Goldmann 2005

Neale Donald Walsch
„Gott Heute - Gespräche mit Gott über die Spiritualität der Zukunft"
Goldmann 2004

Neale Donald Walsch
GMG-Trilogie „Gepräche mit Gott"
Goldmann 1998

Ulrich Warnke
„Quanten-Philosophie und Spiritualität - Der Schlüssel zu den Geheimnissen des menschlichen Seins"
Scorpio 2011

Sollte ich die Aussagen der erwähnten Buchautoren fehlinterpretiert oder falsch verstanden haben, übernehme ich dafür die volle Verantwortung.